Couverture inférieure manquante

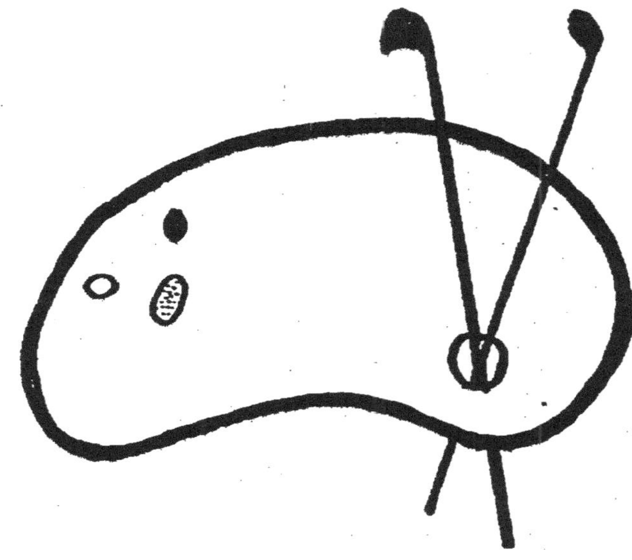

DEBUT D'UNE SERIE DE DOCUMENTS
EN COULEUR

RECHERCHES
ÉTYMOLOGIQUES

SUR

Les Noms de Lieux

EN CHABLAIS

PAR

LUCIEN JACQUOT

OFFICIER D'ACADÉMIE

GRENOBLE

IMPRIMERIE TYPOGRAPHIQUE ET LITHOGRAPHIQUE GABRIEL DUPONT

Rue des Remparts

1901

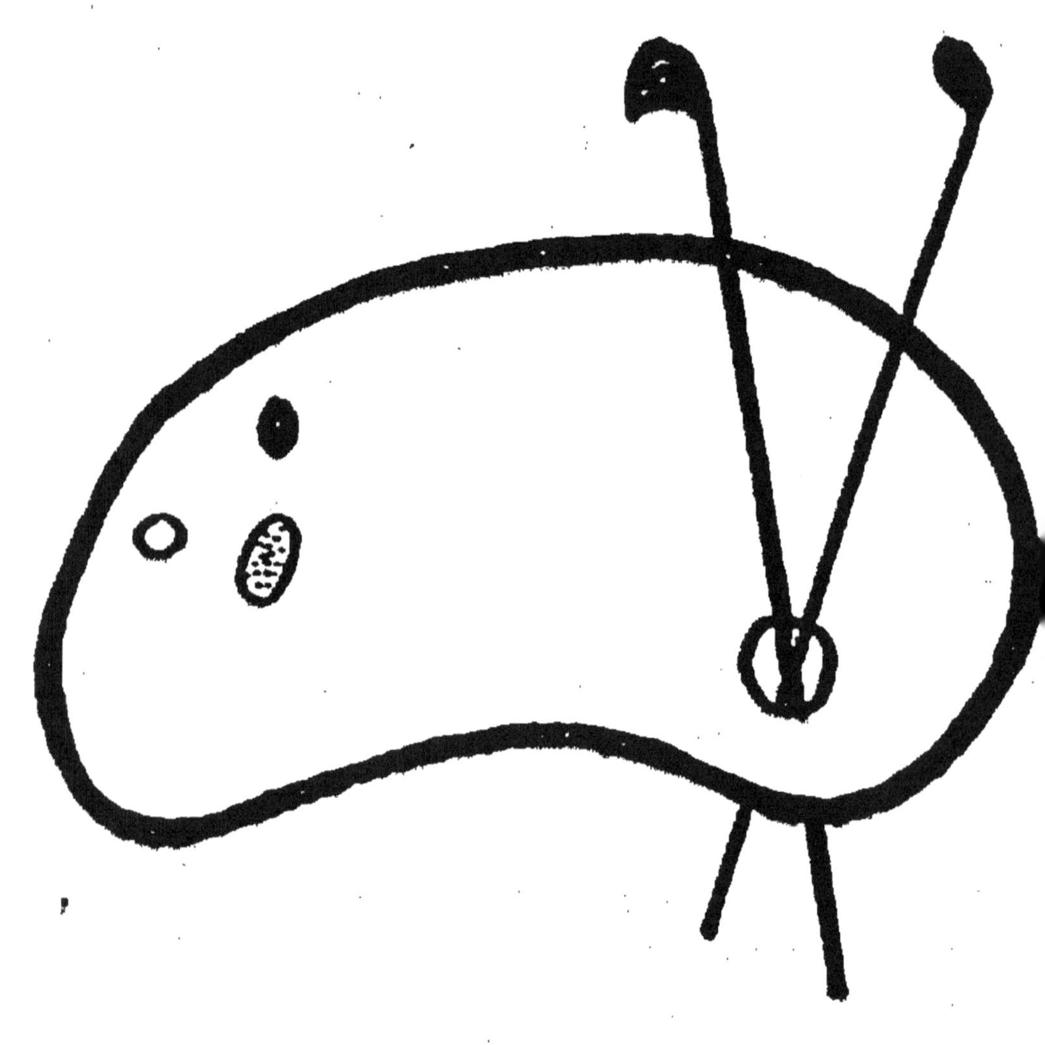

FIN D'UNE SERIE DE DOCUMENTS
EN COULEUR

RECHERCHES

ÉTYMOLOGIQUES

sur

Les Noms de Lieux en Chablais

RECHERCHES

ÉTYMOLOGIQUES

SUR

Les Noms de Lieux

EN CHABLAIS

PAR

Lucien JACQUOT

Officier d'Académie

GRENOBLE

IMPRIMERIE ET LITHOGRAPHIE GABRIEL DUPONT

Rue des Remparts

—

1901

AVANT-PROPOS

Le celte, le gaël, l'allemand, l'espagnol dans quelques terminaisons, et l'anglais (dans ses formes les plus anciennes) sont les principaux dialectes qui ont servi à la formation des noms de lieux dans cette partie de la Haute-Savoie qu'on désigne, encore aujourd'hui, sous le nom très ancien de Chablais.

Qu'on veuille bien se rappeler, en effet, toutes les grandes invasions qui, à de longs intervalles, ont éprouvé ce malheureux pays; qu'on songe à tous ces peuples divers, aussi différents de race que de langue, dont les hordes, les bandes armées ou les troupes plus ou moins régulières ont foulé successivement les deux rives du Léman : Allobroges, Carthaginois gagnant l'Italie, Romains, Francs et Burgondes; Sarrazins refoulés par Charles Martel; Anglais amenés par la guerre de Cent Ans; Bernois accourus pendant les guerres de religion; Luzernois, Espagnols (maîtres de la province de 1742 à 1748); Autrichiens, pendant la Révolution et durant les derniers jours de l'Empire. On comprendra aisément alors qu'il puisse être facile de retrouver, dans le glossaire chablaisien, des mots dont la découverte étonne tout d'abord.

Les noms purement français dominent cependant; au contraire, et le fait n'est pas sans surprendre, l'italien fait complètement défaut. Quant aux racines dont nous retrouvons les similaires dans les dialectes kimrique et scandinave, nous ne pensons pas, bien entendu, qu'elles nous soient arrivées directement des lointaines contrées du Nord : elles peuvent avoir été importées tout d'abord dans des régions plus voisines, telles que la Germanie, et avoir ensuite passé dans le pays des Helvètes pour, de là, nous être plus tard transmises sous des formes très modifiées.

..

Dans tout nom propre composé il faut distinguer: 1° la racine; 2° le suffixe; 3° enfin, l'affixe.

Dans le glossaire que nous avons formé avec les noms propres de lieux recueillis par nous de 1898 à 1900 et dont nous nous occuperons plus loin, nous donnerons la traduction complète de ces noms avec le sens des racines. Mais auparavant il importe d'exposer rapidement certaines généralités ayant trait aux suffixes et aux affixes, afin de soulager le corps de notre étude de redites qui l'alourdiraient inutilement.

A

« A », en patois bourguignon, c'est l'eau. Aqua, transformé successivement en aqva, ava, ève, eave, eau, a donné des noms en aique, aigue, ain; même en ève, ave; en yves; en ess, ais; en aux, etc., etc.

AI, AY, É, EY, Y, IÈRE, etc. — d'après M. H. Tavernier: « désignent l'idée du domaine d'un homme ou le centre d'habitation de la famille »; les Gaulois avaient les finales *ac, auc, ec, œch;* les Gallo-Romains, les finales *acus, acum.;*

AIE, AYE, AIS — expriment l'idée de collectivité et se sont substituées à ay, ey, ex.

AIE, ÉRIE, IÈRE — qui expriment l'agrandissement, sont dites augmentatives. Il n'y a pas opposition entre l'idée d'agrandissement et l'idée de collectivité.

AILLE — exprime l'idée de pluralité, mais quelquefois aussi sert comme diminutif.

AL — Pour le général Parmentier, c'est *tout* ; c'est aussi, rarement, le terrain dur s'étendant sous les couches supérieures des bandes du Jutland.

AN — a souvent le sens de *eau* et on peut le rencontrer orthographié en *ent*. Adouci en *ann*, il a aidé à former Annecy, Annemasse, etc.

ANG — d'après le général Parmentier, signifie en danois : prairie, pré.

AS, AZ, OS, OZ — sont des barbarismes, dit l'abbé Pont, et font des bâtards : « Repoussons surtout, s'écriait le savant ecclésiastique, ces finales en *os* et en *as* qui nous marquent en pallicares de la Grèce ou en matamores espagnols ! » Coutume bizarre, en effet, et spéciale (croyons-nous) aux seuls Chablaisiens, que celle qui consiste à allonger un nom propre d'une finale qu'on ne prononce jamais dans la conversation et qui paraît n'être mise là que pour le seul plaisir des yeux. « Si le *s* est devenu officiel dans l'orthographe de ces noms propres, c'est à la condition de rester muet et inaperçu dans le langage. »

AUR. — Ce serait *gravier*. Pour M. de Rochas, c'est *vent*.

AY — c'est l'habitation.

<h2 style="text-align:center">E</h2>

ENS — « est une terminaison patronymique, en allemand *ingen*, qui se retrouve dans toute l'Allemagne, les Pays-Bas, l'Angleterre et le nord de la France, sous des formes très différentes et à peines reconnaissables... D'où l'on peut conclure que le suffixe *ens*, *en* ou *ins* remonte aux invasions du v° siècle. » (Tavernier).

ET, ETTE. — Les terminaisons *et*, *ette*, qui expriment l'amoindrissement, sont dites diminutives.

EV — et ses dérivés *av*, *iv*, *yv*, c'est l'eau.

G

GY ou **GVY**, c'est l'habitation.

I

I, IS, ISS (en composition : *isa*) sont, d'après le général Parmentier, pour *glace* : Iceberg, izard, mont Iserand, Isère (Isser, en Kabylie et au Maroc).

IER, IÈRE, IÈRES — expriment l'idée d'agrandissement ou de collectivité.

IEUX — appartient à la région gallo-romaine.

IN, IND, INN : — Dans, dedans (général Parmentier).

INGE. — Pour certains « inge est une prairie, dans la langue anglo-saxonne. Einge en islandais et enge en suédois ont cette même signification. » Pour d'autres « inge, inges » marquent « soit un état individuel de la personne ou de la chose, soit la descendance. » — On adoucit quelquefois la finale inge en enge et, par extension, en ange.

O

OR — Le général Parmentier lui donne le sens de pâturage naturel, de communaux ; lande, bruyère.

ON — comme *an, ann,* c'est l'eau. Prenez n'importe quelle bonne carte du Sud-Est, et descendez avec moi le cours du Rhône ; vous allez trouver, après Sion en Valais : Ardon, Saxon, Glion, Thonon, Nyon, Lyon, Albon, Vion, Tournon, Livron, Mondragon, Avignon, Tarascon, Cavaillezon, Velleron, Cavaillon, Orgon, Salon, Lamanon. Puis, sur la côte : Toulon, Gonfaron, Menton, etc. J'en passe, et combien !

A signaler cependant Nyons, dont la parenté est évidente avec Nyon, du canton de Vaud.

V

Vone — « La terminaison *vone* vient du mot germanique *wohnen*, habiter. »

Y

L'y, à la fin des mots, indique une région gallo-romaine.

———<o>———

Avant d'aborder le Glossaire proprement dit nous nous faisons un devoir d'indiquer les auteurs que nous avons consultés et auxquels le lecteur pourra lui-même se reporter :

Brachet (*Dict. du patois d'Albertville.*)

Broillard (*Recherches étymologiques à travers bois : Revue des Eaux et Forêts.*)

Dictionnaire roman, walon, celtique et tudesque par un religieux bénédictin.

Abbé Ducis.

Léon Franc.

Gaschett (*Les origines des noms de lieu de la Suisse*).

Gonthier.

Marteaux.

I. Mercier.

Peiffer (*Lecture des cartes topographiques, Promenade topographique dans le Loiret. Lecture du topocarte de l'United kingstone*).

Abbé Dupont.

De Rochas (*Essais d'un gloss. topogr. des Alpes*).

Tavernier.

E. Tissot (*Les noms de lieux de la Haute-Savoie*).

Vuarnet (*Messery-Vernier et leurs environs*).

Nous n'avons pu nous procurer ni Houzé (*Signification des noms de lieux*) ni Meyer (*Noms de lieux du canton de Zurich*), ni Jules Guicherat (*De la formation des noms de lieux.*)

RECHERCHES ÉTYMOLOGIQUES

LES NOMS DE LIEUX EN CHABLAIS

A

ABONDANCE. — L'abbaye, et plus tard le village de ce nom, auraient été ainsi baptisés — d'après J. Mercier — en témoignage des ressources que les premiers colons surent trouver dans la vallée, « alors riche en cerfs et en gros gibier, » dit l'acte de cession consenti au frère Arluin, prieur des chanoines de l'église de Sainte-Marie-d'Abondance.

ADRET. — Canton forestier : est un mot patois signifiant « à droite ».

ADROIT. — L'Adroit de Pissevache a la même signification.

ALEMAN, ALLEMANDS. — Le manoir d'Aleman et le village des Alamands ou Allemands, sur le territoire de Morzine, perpétuent dans cette région, ainsi qu'à Samoëns, le souvenir de ces mystérieux montagnards qui ont joué un certain rôle, dans notre histoire locale, sous le nom de Pâtres de Ham.

ALLINGES. — Lorque les Burgondes s'établirent en vainqueurs dans le pays, « la colline des Allinges fut réservée pour les pâturages et reçut alors ce nom d'Allinges qui, dans la langue germanique, signifie *Champ de tous* ou même *pâturages communs* (formé des mots *all*, tous, et *inge* ou *ange*, aujourd'hui *anger*, paccage). »

A cette explication de J.-F. Gonthier nous préférons l'étymologie suivante de l'abbé Pont :

« Le suffixe Ing (au pl. *inges*) forme la désinence de divers substantifs du genre masculin et marque :

1° Un état individuel de la personne ou de la chose dont le genre ou l'espèce est indiqué par la racine ;

2° La descendance de la personne dont le nom précède le suffixe. »

Telle doit être, croyons-nous, l'étymologie de tous ces noms de lieux en *inge* qu'on rencontre assez fréquemment en Chablais et, davantage encore, dans le canton de Genève. tels que : Bessinge, Bissinge, Boisinge, Boringe. Cerninge. Commelinge, Corninge, Cursinge, Filinge. Jussinge, Laringe. Lucinge, Missinge. Pessinge. Pisselinge, Poplinge. Présinge, Puplinge. Succinge. Taninge, Verninge, etc.

En remontant plus au Nord et en suivant la ligne des montagnes. depuis le Jura jusqu'aux Vosges. on trouve des terminaisons en *ange*, puis en *ingue* ou *inguen* (ex. : Fenestrange, Huningue, Solinguen) qui sont les mêmes que celles en *inge* et qui marquent les premières étapes de la marche vers le Sud de la grande invasion burgonde.

Toutes les localités en *inge*, il y a lieu d'insister sur ce point. sont très anciennes, situées dans des régions particulièrement riches et distribuées tout le long des passages naturels que les guerriers émigrants et leurs familles ont dû naturellement suivre. En consultant une carte de la Suisse et de la Haute-Savoie on suivra facilement l'itinéraire burgonde et on verra qu'après avoir côtoyé le pied des montagnes, comme pour y chercher refuge au besoin, l'invasion s'est arrêtée dans les environs de Genève — envoyant seulement dans les vallées voisines, celles du Giffre et de la Dranse, des coureurs chargés de garder les principaux débouchés : de là l'origine des châteaux de Laringe, d'Allinges, etc. « C'est là, conclut l'abbé Pont, que se termine l'invasion, que l'on trouve la limite Sud de la Savoie (*t*). la moraine frontale du glacier tudesque. »

ALLOBROGIE. — « Les Allobroges, dit-on, tiraient leur nom des deux mots Allo (autre) et Brogœ (champ, pays). »

J'avoue que cette explication ne me satisfait pas et que je la relègue au même rang que celle qui dérive Allobrogie de *All brog*, les hauts villages...

Pierre Amour. — C'est une grosse pierre de couleur sombre qui émerge du lac, à quelques mètres de la côte, entre Thonon et le hameau de Corzent. Je sais bien que plus d'un couple est venu s'y reposer et y tenir de tendres propos à l'abri de toute oreille indiscrète : mais ces choses de sentiments n'ont vraiment que faire, croyez-m'en, dans l'étymologie du nom. La « pierra more » ou « mour » est tout bonnement la *pierre noire*, la racine *mor* entrant, comme on sait, dans la composition d'un grand nombre de noms propres. En espagnol *moro* c'est le maure, l'habitant de la Mauritanie, et *moreno* c'est le brun, l'homme au teint presque noir. « Chica morena! » fait le promeneur en souriant à la brunette qui passe, une fleur rouge piquée dans ses cheveux noirs. « Vilain mauricaud! » glapit Gavroche en coudoyant les pensionnaires de l'Exposition coloniale.

Est-ce que la Maurienne ne pourrait pas être aussi le *pays noir*, tirant son appellation — non du passage des Sarrazins — mais de la couleur de ses montagnes sauvages, de ses carrières d'ardoises et des mines de charbons qui la font vivre ?

Amphion. — Station thermale à l'ouest d'Évian ; s'orthographiait autrefois Anfion et Enfion. C'est aussi le nom d'un gros ruisseau qui descend du Lyaud, et tous deux se sont écrits Ancion dans de très anciennes chartes du Moyen-Age : aussi M. l'Abbé Ducis pensait-il que notre Amphion moderne pouvait bien être l'Accion des Grecs.

Si j'osais me le permettre, je hasarderais timidement une autre opinion : Amphion ne pourrait-il pas se décomposer en Amphi-on et signifier *autour de l'eau*, désignant ainsi le pays fortement échancré où paraît s'enfoncer le lac, qui forme là une grande baie du plus riant aspect ? Ou bien ne faudrait-il pas y voir plus simplement un nom composé dans lequel on rencontre deux mots significatifs d'eau, soit *An* (eau) et *Fion*, nom générique des petits cours d'eau torrentueux dans notre région et qu'on prononce quelquefois *Vion ?* Un *rionnet* est un petit sentier dans la montagne, échelle en été, cascade après les pluies.

Anthy. — S'écrivait Anthier au xv° siècle. Ty, c'est l'habitation ; « les premiers Bretons fuyant l'invasion saxonne, dit le C. Peiffer, l'ont transporté dans l'Armorique. » *An*, nous l'avons vu, c'est l'eau. Anthy c'est donc l'habitation de l'eau ou du bord de l'eau, et cette dénomination convient bien au village de ce nom dont les derniers jardins sont presque en bordure sur le lac.

APPRATIS DES MARAIS. — Lieu-dit de la commune de Loisin, et :

APPRALY. — pour « la praly » indiquent des endroits humides et herbeux, des pâturages.

ARBLAY. — Vient de Arble, qui désigne le Houx, en patois.

ARBROZ. — La Côte d'Arbroz, d'après Tissot, tire son nom de *aberes* ou *alberes*, arbre à cidre (en patois).

ARDAN. — Si ce n'est pas la cascade qui a baptisé les chalets, ce sont ceux-ci qui ont servi à dénommer la cascade.

Ardan est-il ici comme « diminutif de Ard, montée, endroit élevé et souvent haute roche ? On le trouve souvent, dit M. Peiffer, appliqué à des caps du Seeland ; mais où on le rencontre fréquemment c'est en Irlande. » Ce serait alors « la côte de l'eau ».

Tan, pour M. Broillard, c'est le chêne, et *dan* pourrait n'être qu'un adoucissement du mot.

ARDOISIÈRES. — Indique une exploitation d'ardoises.

ARMOY. — Est sur un riche mais assez froid plateau, au pied du mont Armone. A quelque distance du village on a découvert, il y a quelques années, de curieux trépieds en bronze qui ont été achetés par le Louvre, après avoir passé par plusieurs mains. Le pays, cette découverte l'établit, a donc été habité depuis fort longtemps, et un étymologiste — plus original que prudent — a réussi à persuader à ses malheureux concitoyens qu'Armoy viendrait de Armorum locus, « le lieu des armes » ou le champ de bataille.

Si Armoy ne vient pas du celte *Ar*, qui est l'article, et de *Moy*, qui a le sens de champ ou de plaine, on peut se demander s'il ne tirerait pas son nom d'un grand murger, clapier ou pierrier qui avoisine le village ; amoncellement considérable dont les proportions sont véritablement anormales et qui, à la rigueur, pourrait faire songer aux *moës* des anciens Gaulois.

Personnellement nous penchons pour Ar-moy avec le sens de plateau ou de champ en terrain plat, en nous basant sur la traduction du mot Armone, qu'on trouvera plus loin (au mot Hermone).

AROLES. — Lieu-dit. Est pour Arole, qui est le *pinus cembra* ou grand pin.

ARPES (Les). — La belle propriété des Arpes, aux portes de Thonon, aurait été le berceau « de la famille de Laharpe, à laquelle appartint le colonel et le littérateur de ce nom, à la fin du siècle dernier. » (Abbé Piccard). Le nom s'écrivait alors Clos de Arpa, et Arpe était ici pour Alpes ; or, on sait que dans le parler de nos montagnards Alpes est synonyme de pâturages et ne désigne pas nécessairement des montagnes de haute altitude.

ARPIN (Chez l'). — Lieu-dit. Est pour Chez l'Alpin.

ARSES (Les). — Nom d'un canton forestier : dérive du latin *ardere*, brûler.

ARTIC (Chez). — Pour Chez Artigue ; lieu-dit. Signifie un sillon tracé horizontalement. Artigue désigne aussi un terrain défriché par le feu.

ARTS (Rue des). — Tire son nom de l'ancienne Maison des Arts, où se réunissaient (au xv⁰ siècle) les différents corps de métiers. L'immeuble a été abattu pour la percée de la rue qu'on a ouvert au commencement du xix⁰ siècle.

ANTIGNY. — Est pour Antignier, lequel est lui-même pour Autignier et qu'on pourrait rapprocher d'Anthy.

AVISIÈRES. — Pour Avesnières : rappelle d'anciennes cultures d'avoine.

AVULLIGOS. — Hameau de Publier, et :

AVULLY. — Hameau de Brenthonne (Avillie au XIIe siècle), ont vraisemblablement la même origine. M. Marteaux y voit le *gentilice Avilius* ou *Avillius*.

AYETS (Les). — Sont pour Les Eyets, dim. de Ey, qui signale la présence de l'eau.

AULNE (L'). — Est en réalité la « propriété de l'One », c'est-à-dire de l'eau, et tire son nom des marais qui l'avoisinent.

B

BAINS (Boulevard des). — Ce boulevard a été ouvert après la création des Bains de Thonon et pour faciliter aux baigneurs l'accès de l'établissement thermal.

BALLAISON. — « Bal est synonyme de *bau, baou,* montagne. Bau, dit-on, vient du kimrique et signifie montagne avec précipice. Bal serait le radical des *ballons* des Vosges, qui ont une falaise, un abîme de quelque côté. » (Broillard).

Bal, selon d'autres auteurs, était primitivement pour montagne, pic, et a eu plus tard le sens de rempart, de barrière. On le fait venir dans ce cas du vieux allemand *balla,* boule, qui a fait ballon, ballot.

Bal, en breton, signifie chef, seigneur, élevé.

Enfin, Bαλ, en grec, entre dans la composition de plusieurs mots — tel par exemple que Balanos, lequel se traduit par gland, fruit semblable au gland, balle de plomb, verrou, pène, c'est-à-dire un objet formant saillie, ayant l'aspect d'une tête.

Quelle que soit l'origine primitive du mot, nous voyons qu'il doit être pris, dans tous les cas, avec le sens de hauteur, d'élévation ; mais de hauteur arrondie plutôt que de sommet aigu ou escarpé. Et c'est bien là le vrai sens du mot, si l'on s'en rapporte à la configuration du terrain : « Le site — écrivait J. Comte dans la *Revue Savoisienne* (31 mars 1880) — par sa position escarpée du côté de l'ouest et du nord-ouest, commandait un respect efficace et sérieux contre les agressions incessantes que ses seigneurs pouvaient redouter de ses voisins. Le château de Thenières, aujourd'hui détruit et remplacé par une construction moderne, formait dans le moyen âge une défense qui puisait son mérite dans la situation sur laquelle il était assis. »

BALME (de Meillerie). — Balme avait le sens de montagne et de rocher dans la langue gauloise ; en celtique il signifiait grotte, caverne.

BALMETTES (Les). — Sont un diminutif et ont le sens de petites grottes, d'anfractuosités ou abris.

BANDERET (Clos). — Ban est un vieux mot d'origine germanique, radical ou dérivé du verbe *bannan*, qui signifiait : « ordonner, publier, rendre un arrêt, une sentence. » (Broillard). La publication des bans était donc la publicité donnée aux ordonnances ou arrêts pris par les autorités compétentes ; de là les mots *bannière*, désignant l'insigne du chef sous les ordres de qui on marchait : *banneret*, désignant ce chef lui-même ; *ban de vendange*, fixant la date avant laquelle il est interdit de commencer la cueillette des raisins ; les expressions *ouvrir* et *fermer le ban*, par lesquelles on indique que l'officier qui en a reçu mission va accomplir telle ou telle formalité ou cérémonie en faisant emploi de la formule ou du cérémonial traditionnels.

Quant au clos Banderet, M. l'abbé Piccard nous apprend que le terrain de ce nom était un clos attribué par les usages locaux au bourgeois désigné pour porter, lors de certaines fêtes ou cérémonies officielles, la bannière de la ville de Thonon.

BARLATYS. — Barr, dans le Scotland, « est le nom générique des monts élevés », et lath « une subdivision particulière au county de Kent », intermédiaire entre le county et le hindred (Peiffer). — En celtique, lath signifiait perche.

BARNETTE. — En Irlande Barn signifie « brèche, crevasse en montagne ou dans une haute terre » (Peiffer). En anglais, c'est une grange — comme Barnton — et je crois que c'est là le sens de Barnette, qui doit signifier *petite grange* ou *grangette*.

BASSACHAUX. — C'est une contraction de *passus* (pas, passage, col, défilé) et de *chaux* (pour chaussée ou route). Le col de

Bassachaux se traduirait donc par : le pas de la route, le passage (difficile ou critique) du chemin.

Bassus. — C'est la prison civile de Thonon, et aussi la petite place qui s'étend entre ce bâtiment et la sous-préfecture.

Bassus, ici, a encore le sens de pas ou de mauvais passage et désignait primitivement le chemin à pente raide qui part de de la villa de Bonnemains et qui vient aboutir, par un escalier, auprès du bureau d'octroi.

Batme (La). — A le sens de châtelard, soit de petite maison-forte.

Battieux. — Rappelle un ancien battoir à chanvre. Une *battieuse* est une femme particulièrement bavarde et dont la langue s'agite continuellement, comme les marteaux d'un moulin à eau.

Battioret. — C'est le nom d'un chemin et le diminutif de Battoir. Même origine que Battieux.

Baume (La). — Est pour *la Balme* et a la même signification.

Bavonnet. — Est le nom d'un petit cours d'eau et viendrait du mot patois *bavu* (prononcez *baveu*) qui qualifie un être ou une chose baveuse, d'où découle un liquide. Bavonnet ne peut donc baptiser qu'un ruisseau minuscule, un ruisselet.

Beauchalet. — Se décompose aisément.

Beauregard. — Le château de Beauregard dissimule ses toitures moussues dans la masse sombre des châtaigniers séculaires, et ses pelouses — toujours vertes — baignent leur pied dans les eaux transparentes du lac Léman. Devenu propriété de François de Ballaison par le mariage de Claude de Mionnas avec Marie de Ballaison, il ne faut pas le confondre avec le château du même nom qui avoisine Chambéry et qui appartient à une autre branche de la famille des De Beauregard.

Bedfort. — Le bois de Bedfort, près d'Evian, a été ainsi dénommé en souvenir d'un duc de Bedfort qui y organisa —

nous apprend Ch. Besançon — des fêtes auxquelles on accourait de tous les environs.

BELLEGARDE. — La montée de ce nom, sur la route d'Evian à Abondance, rappelle les temps troublés durant lesquels les bourgeois d'Abondance durent eux-mêmes garder leur route contre les raids des soldats bernois.

BELLEMONT. — Pour Beaumont; devait s'écrire Bel-mont et indique évidemment un coin pittoresque de nos Alpes Chablaisiennes. Cependant, M. l'abbé Falconnet préfère une autre étymologie et rappelle que le « dieu Bel fut l'un des plus connus et des moins faciles à oublier dans notre pays. »

BELLEVAUX. — Devrait aussi s'ortographier « Belle vallée » si sa dénomination ne remontait à une époque tout à fait reculée. Le lieu fut ainsi baptisé d'enthousiasme par les premiers colons, saisis d'admiration devant ces vallées si belles, si fertiles, et alors encore vierges de toute culture.

BELLEVUE. — A disparu de la liste des noms de lieux : il s'agit de la commune de Saint-Paul, débaptisée sous la première République et dont le nom nouveau, très heureusement choisi, aurait mérité de survivre à la Révolution.

BERNEX. — M. Houzé fait dériver les noms de lieux commençant par Bern, du mot celte Brennec, qui signifie Jonchaie dans un terrain bas, brenneux. Le Cᵗ Peiffer paraît incliner à croire que Bern est pour Vern ou Verne, synonyme d'aulne. D'autres étymologistes, enfin, traduisent Bern par pierre, rocher, ou pensent qu'il pourrait être le mot allemand *bern*, qui veut dire ours, et qui est resté à la ville de Berne.

Ces différentes explications paraissant toutes également raisonnables et pouvant s'appliquer parfaitement au site, nous n'avons aucune raison pour nous prononcer en faveur de l'une plutôt que des trois autres.

BETTERS (Les). — Le nom viendrait-il de *bet, betton*, qui est le premier lait de la vache qui a vêlé ?

BEULOZ. — L. Franc nous apprend que *beu*, en celtique, avait le sens de bœuf et d'étable et qu'il est encore usité avec ces deux sens dans le patois valaisan.

BÉZIER. — (Sans S finale). « Besi, explique M. Broillard, est le vieux nom celte de la poire, qui a donné bézier. » En Chablais, il paraîtrait plutôt que Bézier vient directement du patois *bezier*, qui a fait *bézière* et qui désigne un cours d'eau détourné de son lit naturel.

BIMBERTY. — Lieu-dit. Est pour Pimberty, c'est-à-dire le 'Pin à Berthier; pour Brachet Bim serait plutôt pour Bien, avec le sens de propriété, d'héritage.

BIOLLAY (Le). — Doit tirer son nom de quelque très vieux bouquet de bouleaux blancs — le betola alba, baptisé biola par les indigènes du canton de Vaud.

BIOLLES (Les). — Canton forestier; a la même signification que le précédent.

BIOT (Le). — D'après Ducis : *Biol, Biollum* ou *Albucetum* avait des habitants avant l'arrivée des moines dans le pays et son nom ne peut donc être que très ancien. Si nous adoptons comme vraies les formes Biollum et Albucetum, nous devons encore une fois chercher l'origine de Biot dans le bouleau blanc.

BLATTEY. — C'est le nom d'un herbage, mais ce peut n'être aussi qu'une forme adoucie de plattet, avec le sens de palier ou de terrain plat.

BOEGE. — M. Tissot traduit boëge par Pays des Bois. C'est également ce même sens que m'a donné le juge de paix de l'endroit, et ce magistrat, en même temps, me montrait les vastes territoires boisés dont le chef-lieu est encore entouré de nos jours.

BOGÈVE. — Bog, c'est tourbe, marécage ; et Eve, c'est l'eau. Il s'agirait d'une localité humide, située au milieu de marais ou dans un terrain particulièrement aquifère.

BOIS DU BAN (Le). — Doit être une forêt soumise à certaine réglementation particulière, telle qu'une défense par exemple.

BOIS BARRÉS. — Ce sont les bois de montagne dans lesquels il est défendu de porter la hache, ces massifs protégeant les villages de la vallée contre la chute des avalanches. (Besançon).

Bois de Fendu. — C'est le bois défendu, où le parcours et les coupes sont interdits.

Boisy. — Est pour Boissy, qui est lui-même comme Bois-lieu — c'est-à-dire indicatif d'un bois voisin.

Bole (Le). — *Bôlos*, en grec, signifie masse arrondie.

Bonnatrait. — A su conserver pour les jeunes gens de Sciez tout l'attrait des jours anciens ; et la fête annuelle de ce petit hameau est toujours très courue, même des Thononais.

Bonnevaux. — Rappelle l'ancienne fertilité de ses terres quand les premiers occupants commencèrent à les mettre en valeur.

Bord. — *Devant le Bord* est un lieu-dit. « Borde, nous explique Peiffer, est un vieux mot français qui signifie Habitation des champs, mais qui change d'application en changeant de pays. » Et M. Broillard ajoute que Borde a donné *bordel*, qui est une chaumière mal tenue. Bordel est un nom patronymique que nous avons souvent rencontré, du moins dans le Sud-Est.

Borgel. — M. E. Tissot explique « qu'un village de quelque importance devenait le *bourg* (du germanique *burg*, habitation) avec des augmentatifs ou des diminutifs comme : Le Bourget, le Borgel, etc.

Borgel a signifié aussi *bourgeois*, et le Borgel pourrait être synonyme de gentilhommière ou, mieux encore, de maison bourgeoise.

Nous ferons remarquer que le même mot, prononcé un peu différemment : bordj, signifie en arabe *une maison-forte*, maison de commandement ou réduit, selon les cas, et qu'il a servi à baptiser une localité de la province d'Oran, El Bordj, dont les habitants sont appelés Bordjia. Il est passé dans la langue espagnole sous le forme *burgo*, petit village ou bourgade, et nous le retrouvons en France dans Bourg et Bourges, comme en Espagne dans Burgos et, en Allemagne, dans les vieux burgs du moyen âge.

Borgey. — Est une variante de Borgel.

BORINGE. — Bo, bor, bou ont signifié autrefois *étable* et ont aujourd'hui le sens de chalet. Nous avons vu, d'autre part, que la finale *inge* indique la descendance, ce qui nous permettrait de traduire Boringe par *métairie* et de lui donner pour origine une colonie burgonde.

BORNAN. — Born, c'est la source (fontaine, en allemand). En anglais Bourn désigne un cours d'eau, un ruisseau (*borneau*).

Born signifie également trou, cheminée, creusement dans rocher. En langage savant on disait autrefois un *bornelle*, et un acte de 1091 signale « un bornel vers la Cabassière. »

BOTTIÈRE. — Désigne un endroit boueux ou un marécage, rendez-vous de ces gros batraciens que les gens de la campagne appellent encore aujourd'hui des bots : je veux parler des crapauds. La Bottière, c'est donc la crapaudière ; la grenouillère, si vous préférez.

BOUCHA (Le). — « Le *boschetum* du bas latin, dit Tissot, nous a donné la Boche, le Bouchet, Bossey. »

BOUCHET. — Est comme Bochet, petit bois ; en français : bosquet.

BOURG (Le). — Lieu dit de la commune de Ballaison. C'était autrefois la coutume de voir les populations des campagnes se grouper au pied des châteaux-forts pour y trouver un abri contre les pillards.

BOSSONS (Les). — Signifie *jumeaux*, comme Bessons. Pour Tissot, Bosson est synonyme de buisson (boyson au xiiie siècle, ainsi que le porte un acte de 1278.)

BRAGA. — Le Crêt de la Braga « tire son nom de fragments de poutres calcinées qui y ont été recueillis autrefois. » (Vuarnet).

BRAY. — sur St-Gingolph, et La Braye, hameau de Morzine, sont la même chose que le vieux mot français bray, qui signifiait boue ou fange.

Franc dit que *bray* est « un ancien mot celtique signifiant fougère, comme le mot *bry*. ».

BRENLECUL. — C'est le nom de cette côte, très raide, qui conduit de Fontaine-Couverte à Armoy et qui prend à l'entrée des gorges de la Dranse, en face de l'ancienne paroisse de Pont.

Nous pensons que le chemin de Brenle-cul doit être une ancienne voie romaine. Quant à son nom, il s'explique aisément par les difficultés du tracé; et on peut le rapprocher de celui de Tire-cul, que porte une côte voisine de Grenoble.

BRET (Le). — D'après Brachet, le *bret* est un animal sans oreilles (1). Mais ne faut-il pas voir ici une forme altérée de Bray ?

BUFFAVAN. — Propriété de la famille de Sonnas, le château de Buffavan — aujourd'hui transformé en grange — est tellement exposé aux vents de la plaine qu'il a été surnommé par les paysans, à une époque déjà bien lointaine, le *boufleur de vent*. Ne dit-on pas d'un coursier rapide que c'est un « buveur d'air ? » Les deux expressions sont équivalentes.

BUISSONS (Les). — Les localités appelées *le Buisson*, dit Peiffer, ne doivent pas être interprétées comme rappelant exclusivement une touffe d'arbrisseaux sauvages et épineux, mais plutôt un bois de peu d'étendue, ainsi que le prouve ce passage d'une ordonnance de 1669 : « Défendons... de chasser à feu et d'entrer ou demeurer de nuit dans nos forêts, bois et buissons en dépendant. »

C

CARNOT (Boulevard). — C'est l'ancienne Rue du Port, élargie et débaptisée.

CARS. — Hameau de Burdignin : c'est le nom d'une ancienne famille. En anglais *car* désigne d'anciens marais ou des terrains plats et unis convertis en prairies,

---

(1) Bretender, couper les oreilles d'un cheval.

CASSINES. — Diminutif de *casa*, maison.

CERESI. — est comme *Cerisy*.

CERISY. — Cerisi, en patois vaudois, c'est le cerisier.

CERVENS. — A servi à désigner des localités où le cerf abondait. L'abbé Orsat y voit une corruption du mot *serra*, qui aurait le sens de crapaudière : nous n'admettons pas cette traduction.

CÉSAR (Mont). — Cette dénomination rappellerait un engagement entre les habitants du pays et les troupes de César se rendant dans le Valais.

CHABLAIS. — Voilà un nom qui a bien intrigué les étymologistes et dont le sens restera probablement douteux pendant longtemps encore. Nous nous contenterons de rappeler ici les différentes interprétations qui en ont été données.

Une Charte du XIᵉ siècle (*Monumenta historiæ patriæ*) donne comme première origine du mot : *caput lacense*, la tête du lac. Pour d'autres auteurs « *l'ager caballicus*, pays fertile en chevaux, pays séditieux, à cabales, désignait le Chablais occidental ». Cette opinion de Moreri est partagée par l'abbé Ducis et par M. l'abbé Piccard. Léon Franc, lui, émet dans une étude sur l'origine du mot Valais une troisième opinion, que voici : « *Chable*, français populaire, *chablo*, patois (prononcez *tchablo*), signifie *dévaloir*, chemin par lequel on descend, on dévale les bois. En vieux français on dit *chabier* et en patois *chabla* (pr. tchabla) pour dévaler ; ex. : *chabler* du bois, *tchabla du bou*. N'avons-nous pas conservé le terme forestier *chablis* ?... Tout nous porte à croire, jusqu'à preuve contraire, que les mots *chable, chabler, chabla, chablage, chablo, chablota, chablotage*, etc., sont les congénères des termes suisse, roman, savoisien, jurassien, dauphinois, du Berry, etc. : *chaple, chapler, chapla, chaplage, chaplo, chaploter, chaplotage, chaploton*, etc., tous noms appliqués à l'exploitation, au travail des bois ».

Le lecteur peut voir que, comme nous l'avancions plus haut,

on n'a que l'embarras du choix entre toutes ces étymologies proposées. Et dire que pas une peut-être n'est la bonne !

CHABLES (Les). — Il y a les Chables de la Plagne et les Chables Riontaz. Chables est ici pour Chablis, très certainement, et nous savons qu'un chablis « est un arbre cassé ou déraciné par le vent ». (Peiffer).

Il y a un lieu dit Le Châble dans un des arrondissements voisins.

CHAIX A BOIS. — Tout le monde sait ce que c'est qu'un chaix, qui est une construction agricole destinée à abriter les cuves et les futailles et accidentellement toutes autres récoltes.

CHALANDE. — En celtique chal signifie *chalet*, loge (L. Franc).

CHALES (Les). — Lieu-dit. Même origine que Chalande.

CHAMP DU JUIF (Le). — Est une parcelle de terrain qu'on aperçoit de la terrasse de la place Château et qui borde le funiculaire. Sa dénomination rappelle un épisode des guerres de religion et la trahison d'un citoyen de confession catholique, mais dont la tradition populaire, souvent aveugle, a voulu faire depuis un israélite.

Voici, brièvement résumée, l'anecdote telle que la raconte M. l'abbé Piccard, p. 226 de son histoire de Thonon :

« Les Genevois dépêchent à Genève un courrier demandant de l'artillerie pour le siège du château de Thonon. Elle arrive par le lac ; la tranchée est ouverte sur la fin d'avril 1589. Un traître, Leclerc, de Thonon, dont la maison touche à la forteresse, livre aux assiégeants le passage des souterrains. Attaquée de tous côtés, la garnison se défend bravement... Mais jugeant inutile de prolonger une résistance qui durait depuis 10 jours, le gouverneur capitule ». — Le Sénat de Savoie condamna Leclerc à être pendu. Son jugement porte que son cadavre soit ensuite écartelé par quatre chevaux et que la maison dont l'ennemi s'est servi pour attaquer le château soit rasée de fond en comble... La tradition appelle encore l'endroit où était cette maison « Champ du sel ».

CHAMP (Hameau du). — N'a pas besoin d'explication.

CHAMPANGE. — S'est aussi appelé Merminge ; mais la terminaison burgonde de ces deux formes indique bien une origine tudesque.

CHAMPELLE. — Est écrit Champ Peland dans l'inventaire d'Aulph, et Champellé dans un acte plus récent. La véritable ortographe pourrait bien être « Champ Pelé ».

CHANTECOQ. — « La rue Chantecoq, ai-je lu je ne sais plus où, ne saurait avoir pour origine qu'une belle basse-cour ». M. l'abbé Piccard m'assure, au contraire, que Chantecoq est relativement récent et que le nom ancien était Chamcot, qui avait lui-même remplacé Chancor. Ce dernier mot serait pour Champ des Corps et rappellerait le souvenir d'un ancien cimetière.

CHAPELLE (La). — Fut ainsi dénommée, dit l'abbé Ducis, par les héros des huit premiers siècles du christianisme. M. l'abbé J. Mercier raconte qu'elle fut longtemps appelée Chapelle des Frasses après que les religieux de Saint-Maurice d'Agacon, chassés par un éboulement, s'y furent établis au lieu dit « Sous les Crêts ».

CHAPELLES (Les). — et Marsille-les-Chapelles « semblent être, dit M. Vuarand, comme le dernier souvenir d'un autel dédié à Mars ».

CHARMEL. — Charmel, comme charme, charmois, rappelle les charmes (Peiffer).

CHARMETTES (Les). — Vient de *chalme* ou *chaume* et désigne toujours une habitation dans la campagne. Le mot ne doit pas être confondu avec *charme*, qui vient de *charpe* et de *carpinus.*

CHARMILLES. — La charmille est un berceau ou une allée plantée de charmes.

CHARMOISY. — Rappellerait également le charme et indiquerait une propriété rurale très ancienne. La terminaison *y* appartient d'ailleurs à la période gallo-romaine.

CHARMOTTES (les). — D'après Tissot viendrait de *Carpinus*. Témoigne de l'existence des charmes.

CHARMY-L'ENVERS. — Hameau d'Abondance ; a la même origine que le précédent.

CHATEAU. — Le nom de place Château est un souvenir de l'ancien château-fort, qu'un incendie détruisit en 1626.

CHATEL. — « Tire son nom de deux forts ou châteaux que les comtes de Savoie, aidés des habitants, avaient fait élever au moyen-âge près de la frontière valaisienne. Un acte de 1430 nous signale le *Castrum parvem* et la visite de Mgr Barthelemi, et mentionne la chapelle du grand château, *magni castri* ».

CHATELARD. — « Plusieurs localités en Savoie portèrent et conservent encore le nom de Châtelard. Cette dénomination, exprimant l'idée d'un point fortifié et naturellement élevé, a dû évidemment se reproduire dans le pays montagneux de la Savoie où l'on rencontre, à chaque pas, les antiques vestiges de la féodalité ».

CHATELET. — « Le château, avec ses dépendances, a donné Châtel, Châtillon, le Château, le Châtelet, le Châtelard ».

Les romains appelaient *castellio* certains postes défensifs ; les habitants du midi de la France déformèrent le mot en appelant ces positions des *castillons*, tandis que dans le centre on disait *chastillon* et, en laissant tomber l's pour le remplacer par l'accent circonflexe, *châtillon*.

CHATILLONNET (Mont de). — Est un diminutif de Châtillon.

CHATTELAS (Pointe du). — Est pour Châtelard.

CHAUX — et la Grande Chaux sont probablement des souvenirs d'une ancienne chaussée, peut-être d'une voie romaine, qui traversait autrefois la contrée.

« Cependant Chaux signifie quelquefois pâturage et vient alors de calamus ; il est pour chaume ».

CHAVAGNIER. — D'après Tissot « un logis détaché pour un séjour temporaire, c'était une *chavanne* (du latin *capana*) ; d'où sortent les Chavannes, Chavans, la Chavanne, Chavanex ». Nous ajouterons à cette liste de noms propres celui de Chavagnier, qui est évidemment pour Chavannex — comme Antigny est pour Antignier et Béziers pour Bési ».

Peiffer est du même avis que Tissot, mais s'exprime différemment : il fait venir La Chavanne directement de Cabaneria, qui est la même chose — dit-il — que *rosieria*, c'est-à-dire une cabane, une chaumière, une habitation rustique dans tous les cas.

Un dernier auteur préfère tirer Chavagnier de *chavanagium*, chavanage, qui était une taxe sur les pâturages quand ils comprenaient en même temps un chalet où l'on traitait le lait : nous dirions aujourd'hui : « une fruitière ».

CHÈRE. — Comme le rocher de Chère, sur le lac d'Annecy, vient du grec Χερς, corne, « d'où, par extension : cap, promontoire, angle ou coin saillant. » (Alexandre, lex. grec français).

C'est aussi, vraisemblablement, l'origine du Queyras, dans le Briançonnais ; et il convient de remarquer que *caer*, en anglais, est fréquemment employé en topographie pour signifier un rocher, avec la même valeur que *stein* en langue allemande.

CHEMIN VIEUX (Le). — qui prend naissance auprès de la place des Arts, est une ancienne route du moyen âge, laquelle avait succédé elle-même à une voie romaine dont on a retrouvé les traces sur plusieurs points.

CHENEAUX-DERRIÈRE. — Est une forme de Chenaye.

CHENAY. — Signifie « plantation de chênes ».

CHENIE. — A le même sens que chenaie.

CHENS-CUSY. — M. Marteaux tire Cusy du gentilice Cusius, tandis que M. Houzé y voit une déformation du celtique coët, qui veut dire bois. Je pense qu'il faudrait chercher ailleurs la véritable traduction du mot.

Cherisay. — Vient par chuintement de Cerisaie, qui est le verger complanté en cerisiers, comme cherry (en anglais) vient de cerise.

Chesery. — Même étymologie, avec transposition d'une syllabe.

Chesy et **Sechy** : — C'est le cerisier sauvage, « comme *chesse* dans le centre de la France et *cesse* dans le nord (Cessières) sont les noms patois de la cerise sauvage » (Peiffer).

Chevalette. — Rappelle l'idée d'une écurie, comme *chevalier* celle d'un garçon d'écurie ou d'un garçon de ferme (et non pas un gentilhomme qui a déjà gagné ses éperons).

Chevenoz. — Serait pour Chenevoz, chenevis, et conserverait le souvenir d'anciens champs autrefois ensemencés de chanvre. Cependant, certains préfèrent chercher l'origine du nom de Chevene dans le mot celtique chwen ou chevn, qui signifie séparation, colline; et il est certain que la position topographique du village rend fort plausible cette dernière étymologie.

Chignan. — En bas-breton, c'est la grenouille. Et il ne manque pas, en effet, de batraciens de cette espèce tout le long du ruisseau qui traverse le hameau de Chignan, autrefois propriété de Bonnivard.

Chignin-les-Marches, entre Chambéry et Montmélian, est aussi un terrain bas où les grenouilles doivent prospérer et qui, primitivement, a dû être tour à tour recouvert tantôt par l'Isère et tantôt par le Rhône.

Choisy. — Sur Sciez; s'écrivait Choisier au XV* siècle. Pour M. Peiffer, c'est encore coat, nom celtique trahissant la présence du bois, qui « transformé en *cotiacum* et *cautiacum* par la latinisation du moyen âge, a été reproduit en français par Choisy, Cuisy, Cuyssi, Cussac, Coisia ».

Chouans. — Lieu-dit forestier. Indique la présence dans ce canton de plus d'un chat-huant — ou chaouan, comme prononcent les paysans.

CIZIÈRE. — Vient-il de Cisel, qui est synonyme de gravier ?

CLARECHÈRE. — Lieu-dit. Clar, en topographie, signifie quelquefois *plaine* ou bien, comme dans le mot suivant :

CLARIVE. — Lieu-dit sur Saint-Gringolph, indique une claire ive, c'est-à-dire une eau limpide.

CLAVEL. — Et son dérivé :

CLAVELIÈRE. — paraissent venir de *clavis*, clef, et aussi barre de bois, traverse destinée à soutenir une porte. Clavelière indiquerait une ancienne exploitation à grand portail, une ferme.

Clavis a donné aussi *clavaire*, qui était le titre du personnage « chargé, dit Ducis, des archives et du trésor à la Chambre des Comtes du Genevois ».

CLÉNANT. — Le val de Clénant est sur la rive droite de la Dranse, dans la vallée de Saint-Jean-d'Aulph. On signale à cet endroit des ruines peu importantes, peut-être les restes d'une construction militaire qui aurait été la « clef du nant », un poste défensif chargé de défendre ou d'assurer le passage du torrent en cet endroit.

CLUSET-D'EN-HAUT. — Sur Loisin. Cluset est un diminutif de Cluse, dont le Cᵗ Peiffer nous donne l'explication :
« Aux premiers âges du monde, dit-il, certaines chaînes de montagnes reposant sur un sol encore mal affermi se sont rompues par suite de l'inégale résistance du terrain. Les morceaux de ces massifs allongés, replacés bout à bout par leur propre poids sur le terrain mouvant qui, depuis, s'est solidifié, ont laissé un intervalle entre leurs bouts, intervalle plus ou moins espacé qui établit un passage de plein-pied entre les plaines séparées par ses chaînes de montagnes. Ce passage est appelé une *cluse.* Toujours, au fond de la cluse, il y a un cours d'eau ».

Cette définition ne donne pas l'étymologie du mot Cluse, mais elle établit sa parenté avec Écluse, qui vient du verbe latin *clodo, cludio* ou *claudio* : fermer, enfermer, arrêter, clore ou enclore, interrompre. Le verbe espagnol *closo* a exactement la même signification, comme en anglais *to close*.

COLLONGE. — et son diminutif :

COLLONGETTE. — sont fréquents dans les régions du Chablais et dans les environs de Genève. « De *colonia*, agglomération de fermiers régis par une même loi, dérivent —écrivait l'abbé Gonthier—Cologny, Collonges, Collongette ». D'autres font dériver Collonge et Colongette de *collis lunga*.

COMBE (La). — « Dans le bas latin *cumba* désignait une dépression de terrain d'une certaine étendue » (Peiffer). En anglais *combe* est aussi un terrain déprimé, une vallée enfoncée.

Nous avons en Chablais la combe Baumas, la combe Coinchia, la combe aux Fares, la combe au Feu, la combe des Fyes, la combe des Mores, la Grande Combe, etc.

COMMUNS (Les). — Lieu-dit ; sont propriété *communale*.

CONCISE. — « Une Concise, d'après M. Broillard, est un fossé tranversal contribuant à l'assainissement du terrain, ou un chemin creux faisant même fonction. »

L'idée de creux que semblerait indiquer le mot Concise est en effet rappelée, à Thonon comme à Neuchâtel (en Suisse), par la situation des agglomérations de ce nom auprès du lac, qu'elle dominent du haut d'un talus plus ou moins élevé.

CONTAMINE. — On rencontre des Contamine un peu dans toutes les parties de la France. Pour M. Lempereur ce nom vient de contemné, menacé, et aurait le sens de *lieu menacé* ou menaçant, de propriété escarpée, tandis que M. Tissot le fait dériver de *condaminium*, domaine commun.

Pour moi, je m'étais contenté de la lecture d'un dictionnaire latin, ouvert au mot *contamino*, et où je lisais : « Contamino, as, are (cumtamino), Mélanger, mêler..., réunir. » Mais comme je ne connais ni Contamines-sur-Arve, ni les Contamines, ni Contamines-sous-Morlier, je ne puis dire si ces trois localités savoisiennes sont dans une position escarpée, ou au confluent de deux cours d'eau ou de deux vallées. J'ignore même où se trouve exactement le hameau de Contamine-en-Chablais.

CORNE, Cornes, Bois des Cornes. — Ne viendraient-ils pas du même mot qui a donné en anglais Cornouailles, du celtique *corn*, par exemple, avec le sens de pointe ou d'angle?

CORNILLON. — Serait alors un diminutif de Corn. En effet, le Cornillon, près de Saint-Robert, est bien une pointe de rocher. Cependant, certains étymologistes préfèrent tirer Cornillon du latin *cornum*, dont le radical sanscrit est *cor*, qui veut dire rouge.

CORSINGE. — Ce nom, facilement décomposé, nous donne la terminaison burgonde *inge*, que nous connaissons déjà. et un radical *cor* ou *cors* qui, en latin—comme en grec Χορτος— a le sens de cour de ferme ou basse-cour. Corsinge amène donc nécessairement l'idée d'une habitation rurale, d'un défrichement entrepris à l'époque de la conquête burgonde.

CORZENT.—Qui s'écrivait Corsant au XVIIe siècle et que l'auteur du *Theatrum Sabaudiæ* ortographie Corzan, a le même radical que Corsinge. La terminaison *an*, nous le savons, indique le voisinage de l'eau, et Corsan ou Corzent dénoncerait une ferme, une agglomération rurale au bord de l'eau ; c'est précisément ce qui fait le principal charme de la propriété que ma famille possède au hameau de Corzent, sur les bords même du lac de Genève et à vingt minutes de Thonon.

Je conseille aux jeunes cœurs de vingt ans, avides de lecture, de feuilleter la vieille chronique que Francis Wey a sauvée de l'oubli, et qui conte d'aimable façon l'aventure du chevalier Corzant à la cour d'amour de Turin. Ils y verront comment ce pieux et noble jeune homme, entré en lice pour y soutenir de sa lance la cause des célibataires, fut vaincu par le baron de Blonay, champion des hommes mariés, et contraint de demander merci à Catherine de Blonay ; comment, pardonné et invité par la noble dame, il se rencontra avec sa nièce, la belle Yolande de Villette, dont il s'éprit et qu'il épousa; comment... Mais cette digression m'entraîne trop loin de mon sujet et, de philologue, je ne saurais sans dol passer poète ni romancier.

N'est-ce point ce même radical cor, avec le sens de maison de ferme, qui a donné également Corps, près de La Salette; Corbel, en Savoie; et tant d'autres localités de petite importance?

LA CÔTE et LES CÔTES. — N'ont besoin d'aucune explication.

COUDRÉE. — Qu'on écrit également Coudré, Coudraie, Coudray, vient de *corilus*, par contraction *corlus*, puis *colrum*, qui a donné coldre, couldre, et enfin coudre, d'où coudrier (qui est le noisetier.)

COUX. — Il y a deux cols de Coux dans la région de Thonon : l'un sur Morzine, et l'autre sur Habère-Poche. Mais Coux est lui-même pour Col, et constitue un véritable pléonasme.

CRÊT. — Crêt est un terme générique qui désigne « un sommet, une pointe, un promontoire élevé ou avancé, situés au-dessus de fontaines ou bien où jaillissaient des fontaines dans le voisinage. » Telle est la définition que donne M. Lempereur.

Les crêts sont légions en Chablais : nous connaissons le crêt du Feu (ou fayard), le crêt Rachez (ou du rocher), et cent autres qu'il serait fastidieux d'énumérer, sans compter les localités où crêt entre en combinaison avec d'autres mots, telles que Sous-les-Crêts, les Cretelier, le Cretet, Sur-Crête, etc.

CROISIÉ (Le). — Doit être à une croisée de chemins.

CROTTAZ (La). — Une *crotte*, en parler chablaisien, est une partie creuse dans un terrain, un entonnoir un peu moins important qu'une combe.

CULAZ (La). — Viendrait, dit-on, de Esculus, et aurait le sens d'échelle, soit de passage dangereux et difficile. Tels sont bien en effet : Les Echelles, l'Echaillon (près de Grenoble et à Saint-Jean-de-Maurienne), Culoz au-dessus de Chambéry, etc.

CUNE. — « La cune a trois queues » est un lieu-dit.

Une cune est un fossé naturel. Son diminutif est *cunette* « qui est un petit fossé creusé au milieu d'un plus grand pour servir à l'écoulement des eaux et former un obstacle au passage du fossé. » (Eléments de fortifications, de Belair).

D

DAILLAT. — Canton forestier de la commune de Lugrin; tient son nom du pin silvestre, appelé *daille* en patois du pays.

DARBON. — Le mont Darbon renferme des mines de charbon, malheureusement trop peu considérables pour être utilement exploitées, mais suffisantes, en tous les cas, pour justifier ce nom de *darbon* auxquels les gens du pays attribuent le sens de noirâtre, de sombre. C'est pour cette raison qu'ils désignent du même nom de darbon certaine espèce de grosse taupe au pelage de couleur foncée.

D'autres étymologistes font venir *Darbon* des deux mots *dar*, pointe, et *bon*, qui signifie tête, sommet, bout. Dans ce cas, Mont Darbon indiquerait une montagne pointue, une dent si vous préférez, et la grosse taupe dont nous parlions tout à l'heure ne devrait elle-même son nom qu'à la forme allongée de son museau :

> *É vaut miu tréta darbons dié on corté*
> *Qu'on bozu dié le paï,*

dit un proverbe : « Il vaut mieux 30 taupes dans un jardin qu'un habitant des Bauges dans le pays! »

DÉJEUNER (Le). — Est un point heureusement choisi où les touristes ont coutume de s'arrêter pour vérifier le contenu de leurs havresacs.

DÉLUGE (Le). — Est un éboulis sur le territoire de Fessy. Le bouleversement du sol à cet endroit semble bien rappeler, en effet, quelque ancien cataclysme — sinon véritablement un déluge. Il est probable que quelque ruisseau, devenu torrent à la suite d'une pluie exceptionnelle. aura débordé et aura détrempé les pentes avoisinantes. Quoiqu'il en soit, cette partie de la montagne est restée peu sûre dans la saison pluvieuse, et il serait parfois imprudent de s'y aventurer autrement qu'avec *des luges,* qui sont les schlittes ou traineaux de ce pays.

DERRIÈRE LA POINTE. — Est un lieu-dit.

DEVANT (Le). — Comme Devant et

DEVANT NEUF (Le). — ainsi que le suivant :

DEVANT DE LA VILLE. — Ont-ils la même origine?
Devant de la ville, sur Abondance, s'écrivait primitivement Devens, et on admet généralement qu'il viendrait de *defensus.* Mais defensus a-t-il ici le sens de défendu, d'obstacle opposé à l'ennemi, ou celui de défendu, d'interdit au parcours ?
La question parait moins douteuse en ce qui regarde Devant et Devant-Neuf, le premier étant un groupe de chalets sis à l'opposé d'un autre groupe appelé Le Devers. Dans ce cas, Devant a seulement le sens de « Par Défense ».

DEVANT (Les). — Sont sur la route de Nernier à Sciez, et sont bien cette fois pour devant ou antérieur.

DEVERS (Le). — Est situé, nous venons de le dire, à l'opposé des chalets dénommés Devant ou Le Devant.

DEVIN. — Et le suivant :

DEVIN SEC. — Viennent également de *defensus,* avec le sens de *réservé.* C'est un souvenir du droit féodal.

DIVONNE. — Ou Digonna, est un champ situé sur la droite, avant d'atteindre Nernier. En face de ce même village de Nernier, et de l'autre côté du lac, il y a aussi un gros bourg du nom de Divonne, qui est une station balnéaire très fréquentée.

Divonne et Divonne-les-Bains indiquent suffisamment l'idée d'eau, d'ive en langage celtique, qui est en effet leur caractéristique.

Donivaz. — Est le nom d'une fontaine sur le territoire de Sciez, laquelle fontaine devient plus loin, de par l'abondance de ses eaux, un petit affluent de gauche du Foron et « donne ive » en toute saison.

Dorjon. — Canton forestier de la commune de Bellevaux, rappelle sans doute ce que les gardes et les bûcherons appellent le « Chaudron du sapin », et qu'on nomme *dorj* dans le Jura.

Douceur (La). — Le pont de la Douceur, qui traverse le torrent souvent impétueux de la Dranse, porte tout bonnement le nom de l'entrepreneur qui l'a construit, un étranger qui n'était guère connu à Thonon que sous ce sobriquet de la Douceur.

Doucy. — Pour M. Marteaux dériverait de Doccius par Dociacus.

Douvaine. — « M. l'abbé Ducis, nous dit l'abbé Piccard, fait venir *Douveine* de *dovain*, fossé, à cause d'un accident de terrain de ce genre, appelé depuis Bachella, signifiant pièce d'eau, fossé oblong rempli par les pluies et rendu aujourd'hui à l'agriculture ».

Les marais de Loisin, qui s'étendaient autrefois jusqu'auprès du chef-lieu, ont peut-être été le prétexte de ce nom de Douvaine, qui se prononce en effet dovain dans le parler local.

Dranse (La). — Ou plutôt les Dranses, puisqu'il y en a trois jusqu'au pont de Bioge : d'Abondance, de Morzine et de Bellevaux.

Le nom de Dranse a la même parenté philologique que tous les noms de rivières dont le radical est *dor* ou *dar*. Les formes les plus connues de nous sont : le Doron, le Thoron, la Doria, la Doire, la Duria, la Druentia, la Durentia, la Durance, la Dranse et peut-être le Drac.

Le Thoron est un affluent de l'Isère, et nous savons par l'histoire qu'il existait au confluent de ces deux rivières une localité appelée Darentasia ou Durentasia, qui fut ensablée. La contrée voisine en a conservé le nom : Tarentaise. Il y avait aussi Durotiacum sur le Drac et Darentiaca sur la Druna ou Drôme. D'autre part, « Orose nous apprend qu'il existait au sud de l'Atlas un grand fleuve que les naturels appelaient *Dora*, près de ses sources (L' Tauxier, *Recueil de la Soc. arch. de Const.*, 1866). » Nous ne connaissons plus en Algérie que le Dhara, région montagneuse voisine du littoral et que traverse le Chéliff.

DROXCET (Le). — Petit ruisseau entre Margencel et Sciez; serait-il pour Drancet ou petite Dranse, ou est-il seulement parent éloigné de son grand voisin, la Dranse ?

DURBINES. — Est le nom d'un faubourg de Thonon, à l'orient de la ville. Il vient de *Urbi castellum*, et la légende raconte, en effet, qu'il a existé à cet endroit un vieux château féodal dont les ruines ont longtemps abrité des bandes de faux-monnayeurs.

E

EAU-NOIRE. — C'est le nom d'un ruisseau de la frontière valaisane dont le cours se développe parmi les méandres de montagnes très élevées : le soleil donnant fort peu de temps dans ces parages, l'eau du ruisseau perd en partie sa transparence et, dans certains endroits, paraît noire.

ECHELLES (Les). — On retrouve ce même nom dans le massif de la Chartreuse, pour ne citer qu'un exemple, et cette dénomination rappelle l'époque peu lointaine où certains passages de la montagne ne pouvaient être franchis que par le moyen d'échelles.

Echevenet. — C'est le même que Chavonix, qui pourrait bien venir, dit M. Vuarnet, de Es-Chevonix, soit Es-cabanes.

Ecoles. — La rue des Ecoles aboutit au groupe scolaire que fréquentent les fillettes et les jeunes filles de Thonon.

Ecottex (Les). — « Ecotti, explique Brachet, se dit de fil ou de chanvre entortillé qu'on ne peut démêler ». Signifie encore *cheveux emmêlés*.

Ecuelle ou Equelle. — Viendrait de Eculus, chêne, qui a formé également Eculaz, la Culaz, les Eculées, Culoz, etc. Le col de l'Equelle c'est donc le col des Chênes, et non pas le col de l'Ecuelle à soupe.

Eculées (Les). — Sont encore un souvenir des chenaies d'antan.

Eglise. — L'impasse de l'Eglise est un cul-de-sac qui borde l'église à l'Est.

Entre-deux-rocs. — N'a pas besoin de traduction.

Envers. — Nous avons vu plus haut que Envers était opposé à Devant pour distinguer des chalets appartenant aux mêmes groupes. Il y a :

Envers-Granjean. — Ou hameau créé ou habité par un nommé Granjean.

Envers-Richebourg. — Qui est très ancien; etc.

Epagny. — Est pour Espagnol et nous rappelle quelque épisode de l'occupation espagnole.

Epinières (Les). — Indiquent un triage où domine l'épine. Il y a des propriétés qui ont nom l'Epine, Epinette, Lépigny, etc.

EQUARRO. — La grosse pierre d'Equarro, qui émerge du lac devant le château d'Yvoire, « tire son nom de ce qu'elle a une de ses faces coupée à angle droit, c'est-à-dire d'équerre. » (Vuarnet).

ERMITAGE (L'). — Est une propriété devenue historique depuis que le comte Vert, blessé à mort par un sanglier dans la forêt de Lones et transporté dans les bâtiments de l'Ermitage, y trépassa entre les mains des religieux.

ESCRESY. — Est une variante de Serisay et de Cherisaye ou Cerisaie.

ESSARTS (Les). — et *Les Esserts*, comme leur diminutif :

ESSARTINS. — ont pour étymologie commune le verbe *essarter*, qui signifie « ramasser après l'abattage les brindilles, les mauvaises herbes, brûler le tout, et préparer ainsi le terrain à recevoir une nouvelle plantation. » (Broillard).

ESSERT-ROMAND. — S'écrit Essert-Armant dans une charte du 1er novembre 1305. Mais on trouve bien *Essartus-Romanorum* dans plusieurs chartes du xive siècle, et nous penchons, comme presque tous les historiens d'ailleurs, à écrire Essert-Romand ou propriété dite des Romains.

ESSERTS (Les). — Sont pour Les Essarts.

ETRAZ. — et *Sous-Etraz*, comme *Letraux*, viennent de *strata via* et doivent jalonner quelque ancienne voie romaine.
Strata via a encore donné Détraz, qui est un nom d'homme; c'est le même mot qui a servi à composer « Batteur d'Estrade », nom qui servait à désigner certains coureurs des bois dans le Nouveau-Monde.

EVIAN. — Yvian, sur la carte très ancienne du « Ducatus Chablasius et Lacus Lemanus » que nous avons eu sous les yeux.
« Ev, Ew — dit Peiffer — est le terme générique qui, dans la langue celtique, servait à désigner le liquide élément. Il

s'est longtemps conservé dans les vieux textes français : « Alt à l'ève (viens à l'épreuve de l'eau) » était la provocation au jugement de Dieu, où « évêques, les èves bénissaient ».

En gaulois, eau se disait ewer; en patois valaisan, c'est encore « évoué ».

Dans la région nous pouvons citer parmi les noms en ève n'appartenant pas au Chablais : Genève (de cen, tête, et ève. eau), Divonne-les-Bains, Yverdon, Evires.

F

FAY (Le), FAYET (Le) et PLAN-FAYET (Le). — ont la même étymologie. C'est le hêtre, *fagus* en latin, qui a d'abord donné *fau*, puis *fay* (comme dans fayard) ou *fé* (comme dans Féternes). En celte, on disait *faia* ; le patois du haut Valais a conservé *fay*.

FÉES (La grotte des). — Cette grotte, qui est une des curiosités de la route de St-Jean-d'Aulph, doit surtout sa réputation au cadre vraiment sauvage que lui a fait la nature. Il faut bien la connaître pour la trouver au milieu des bouquets de hêtres, de fays, si vous préférez, qui en masquent l'entrée ; quant aux fées proprement dites il est bien entendu que « oncques on n'en vit en icel lieu ».

FEUCLER. — Est comme fay clair.

FERRIÈRE. (La). — Ce nom, comme le suivant, semble rappeler quelque ancienne exploitation locale : une minière, pour appeler les choses par leur nom.

FERRIÈRES. — Ferrières, en tant que ville, a disparu depuis des siècles ; et les papiers qui la concernent ont été, paraît-il, emportés à Berne par les soldats protestants. Tout ce qu'on aperçoit encore de cette ville consiste en quelques pans de murs rasés au niveau du sol et en nombreux tessons ; tout ce qu'on en sait, c'est que Ferrières fut englouti — ou peut-être même envahi — par une crue extraordinaire du lac. L'archéo-

logue devra chercher les derniers vestiges de Ferrières auprès
du débarcadère de Sciez et à l'orient de la route.

FÉTERNES. — A pour émytologie l'ancien nom du hêtre,
c'est-à-dire le fay ou fé, et nullement les fées popularisées par
A. Dessaix dans son Recueil de légendes.

FEU-COURBE. — Rappelle sans doute le souvenir d'un fayard
au tronc bizarrement incurvé. Aujourd'hui, c'est un lieu-dit
sur les bords de la Dranse d'Abondance.

FEU (Col du). — C'est le col du fayard, arbre très commun
dans le Chablais.

FILLION (Chez). — Lieu-dit. Fillion veut dire « de fils en fils »
et est à peu près synonyme de « filiation ».

FINS (Les). — Le nom de ce mas indique que là devait finir
autrefois le périmètre du bourg (de Douvaine). Le dictionnaire
latin que nous venons d'ouvrir au mot *finis*, nous apprend, en
effet, que ce mot ne signifie pas seulement *fin*, mais encore
confins, borne, limite ou *frontière*, et par extension : *territoire, pays.*

FION. — Est le nom d'un hameau de Chevenoz. Il est pour
Vion, vionnet, qui sont des termes génériques très communs
dans la région du Chablais et qui signifient chemin, ou plutôt
chemin creux servant aussi — par occasion — à l'écoulement
des eaux dans la montagne. Le mot primitif serait *via* (la voie,
en latin).

FOLLÈS (Les). — Canton forestier ; nous font penser tout de
suite à *foliatus*, feuillu. « Faire la *follie*, dit Brachet, c'est tailler
les arbres : chênes, peupliers, etc., en août-septembre, pour en
faire des *mâcheux* ».

FOLLIE, FOLLET, LES FOLLIES DE LANCE et **FOLLYS.** — Ont la
même étymologie que Folles. Mais en Chablais, nous a-t-on
dit, ils ont généralement le sens d'abri en feuilles et, par extension, quelquefois celui de « maison de campagne » ou de maison rustique ».

FOLLIÈRE (La). — Même sens que Folles et Follie : la terminaison *ière* indique ici l'habitation.

FOND DES NANTS. — N'a pas besoin d'être traduit ; mais il pourrait peut-être mieux s'orthographier *fonds des nants*.

FONTANI (Le). — Hameau de Reyvroz ; rappelle le Fontanil près la Buisserate et indique une localité pourvue de bonne eau potable.

FORCHET. — Le Mont Forchet (ou Forcha) c'est le mont fourchu, ainsi nommé parce qu'il apparait depuis le lac comme une double dent, avec la forme de deux pitons jumelés.

Il a porté autrefois un château-fort que le comte Edouard, fils et successeur d'Amé V, *deroschia à pié terre.*

FORCLAZ (La). — C'est encore la fourche, avec le sens de bifurcation.

FORNEL (Chez). — Lieu-dit. Fornel (qui en patois se prononce forné) est pour *fournier.*

FORON. — Terme générique pour indiquer un ruisseau de quelque importance, mais qui cependant n'est pas encore un torrent.

FOURNIER (Chez). — Le fournier, c'était celui qui tenait un four public : un boulanger.

FRANÇAIS (Pont des). — Ainsi dénommé parce qu'il a été construit par le gouvernement français presque aussitôt après l'annexion de la Savoie.

FRÊNES (Les). — Désigne une propriété boisée et rappelle les frênes.

FRENEY. — A la même origine et a donné par corruption Ferney ou Fernex.

FRIZE. — Pour M. Vuarnet est comme Cerise.

FROIDLIEU. — C'est cette partie du plateau de Thonon qui s'étend à l'Ouest de la ville, entre les prisons et Montjoux. Exposée aux courants d'air que déterminent, d'une part le voisinage du lac, et de l'autre sa situation en face du col de Feu et des gorges de la Dranse, cette campagne passe pour être particulièrement froide et sujette aux variations de température les plus brusques.

G

GENEVRAY (Le). — Est pour Genevrier.

GETS (Les). — Tous les étymologistes, jusqu'à présent, ont voulu faire venir Gets du mot Juifs, sous prétexte que la localité qui porte ce nom aurait été autrefois une sorte de colonie juive.

Vous me direz que *Juifs* ne s'est jamais traduit par *Gets* en patois du pays ; mais qu'importe ? L'explication ayant été acceptée telle quelle par les premiers éditeurs, il ne faut plus essayer maintenant de modifier l'opinion publique. Et pourtant Charles — le cocher de mon père — m'assurait dernièrement que dans le parler de son pays, vers Seyssel, le mot *get* désigne tout simplement un couloir où les bûcherons précipitent leur bois, pour ensuite le schlitter (ou le déluger, si vous préférez) jusqu'au bas de la montagne...

ST-GINGOLPHE. — S'écrit St-Gingoux dans un rapport intendanciel du xviie siècle. Mais St-Gindolph est un saint du xiiie siècle.

GOLAIZON. — Peut être un dérivé de Golèze.

GOLÈZE (Col de la). — En celtique, go et gu sont synonymes de grand, de supérieur : c'est l'épithète qui convient à un col de la haute montagne.

GORLIETAZ (La). — Viendrait-il du mot patois *gorlié*, qui veut dire cep ?

GOUILLES (Les). — Sur Sciez : font penser à gargouille et appellent l'idée d'eau, d'endroit humide.

GRANDE-RUE (La). — Traverse Thonon du Nord au Sud : c'est la route nationale.

GRANGES (Les). — Et le suivant :

GRANGES (La rue des). — Rappellent d'anciennes exploitations agricoles. Grange a ici le sens de « fermes ».

GRANGETTE. — Tissot dit que « les fermiers payaient une licence, que les fruits étaient à moitié fruits et que l'exploitation s'appelait la Grange, la Grangette ».

GROLETS (Les). — Le chemin des Grolets, au-dessus de Bassachaux, est l'itinéraire le plus direct de Morzine au col. Il est tracé dans les rochers et tire son nom de *egros*, escalier.

GROSPERRIÈRE. — Est synonyme de « grosse pierrière » ou carrière.

GRAGE (La). — Et le mot suivant :

GRAIE. — « Sont des termes patois servant à désigner un terrain graveleux. » (Vuarnet).

II

HABERTS (Les). — Voilà un nom qui a fait l'objet de bien des discussions entre philologues et dont l'étymologie est encore loin d'être sûre. Nous nous contenterons donc de rappeler ici les principales interprétations connues.

Pour l'auteur du « Gardo », *Habert* viendrait de *aper*, sanglier : nous ne voulons pas nous arrêter à cette explication, qui nous paraît insuffisante.

Certains font habert synonyme d'abri : mais cette étymologie ne nous semble guère meilleure que la précédente.

D'autres assurent que Habert est pour *a ber* et rappellerait une ancienne auberge où les voyageurs d'antan auraient trouvé *à boire* ; à ber, si vous parlez patois.

M. Léon Franc nous apprend qu'en parler valaisin *abera* a le sens de « abreuver le bétail », comme *abeuri* dans la langue celtique.

M. le C' Peiffer fait habert synonyme de châlet, mais sans donner l'origine du mot (Cartes topogr.). Dans un autre ouvrage (Topocarte de l'U. K.), il écrit : « Aber, bouche de rivière, soit dans la mer, soit dans une autre rivière (dans la langue anglaise). Aber se dit aussi de l'entrée d'un port et de l'entrée d'un *harbour*. »

C'est à peu près l'explication que nous lisons dans le Dictionnaire roman, walon, celtique et tudesque, par un religieux bénédictin : « Aber-havre, embouchure d'une rivière ».

Il est bien vrai que Habert Poche et H. Lullin sont sur la Ménoge, tous deux au confluent de cette rivière avec de petits ruisseaux sans nom particulier ; que H. Séchemouille désigne assez une localité que les eaux auraient tendance à envahir par intermittence ; enfin, que les haberts en Chablais et les haberts de Chamrousse doivent être assez abondamment pourvus d'eau pour leur permettre de suffire aux besoins de leurs habitants. Mais si c'est bien la véritable raison pour laquelle ce terme d'habert est devenu un nom à peu près générique, j'avoue qu'elle ne saute pas immédiatement aux yeux.

HAJOUX (L'). — Ne serait-il pas pour la Joux ? Voyez ce mot, plus loin.

HAUTFORT. — Est un massif boisé, et Houzé fait dériver ce nom « de Hochforst, mot allemand composé qui aurait la signification de forêt haut plantée (alta silva) ».

HERBOUX. — Le Mont Herboux est une montagne riche en beaux pâturages. Il ne faudrait pas confondre ce mot avec « *herbaux*, devoirs et charges imposés sur les héritages ».

HERMONE. — C'est la montagne qui domine Armoy et dont la chapelle est un lieu de pèlerinage très couru. Le nom s'orthographie indifféremment Hermone, Ermone ou Armone, selon les cartes ; Armone est la façon la plus ancienne.

Si nous décomposons ce mot nous trouvons l'article celtique *ar* et un nom commun également celtique, *mone*, qui signifie montagne. Armone pourrait donc se traduire exactement par La Montagne, comme Armoy — qui est au pied — par La Plaine ou Le Plateau. L'antiquité du nom expliquerait dans une certaine mesure l'ancienneté du pèlerinage.

HÔTEL-DE-VILLE. — La rue qui porte ce nom aboutit à la place de la Mairie.

HÔTEL-DIEU. — La rue de l'Hôtel-Dieu conduit à l'Hôpital.

HUCHE (L'). — ancien nom de la propriété Ch. de Foras, aujourd'hui au Général Jacquot, et :

HUCHES (Les). — près de Margencel, sont des termes génériques qui s'appliquent à des terrains clos. Ne dit-on pas une huche pour nommer le coffre qui renferme le pain de ménage, dans nos campagnes ?

I

ILE A BRIGAND (L'). — Est pour Mule à brigand : voir Mule.

J

JEAN-D'AULPH (SAINT-). — Est comme St-Jean des Alpes.

JORAS. — C'est le nom du vent qui souffle du Jura (ou mieux du Jora), soit du N.-O. Le nom même de Jora, qui est la même chose que Jura, viendrait du celtique *jur*, ou *jeur*, qui signifiait *bois*. « Dans le bassin du Léman, en Faucigny surtout, les mas boisés, forêts d'épicéas ou de sapins, s'appellent *Jores* ou *Jorats*. En patois *Jora* est pris comme substantif pour désigner une forêt ; *Jorat* paraît s'appliquer à une petite forêt. On trouve aussi le diminutif *Joreta*. Mais le mot *Jore*, variante de *Jeure*, tend à prendre — dans les notes et documents modernes — les formes *Jour*, *Jou* et *Jour*. Jore rappelle les formes des vieilles chartes : Jora, Joria, Juria. « Dans les chartes des XII*, XIII* et XIV* siècles les *jorie* sont des plantes de bois broussailleux qui croissent dans les terres incultes des montagnes... En hébreu, *Hor*, *Jore*, *Joros* ; en gaélique, *Or* ; en basque, *Hor* — expriment tous l'idée de montagne, sur, élevé, dessus et passage de montagne, porte » (Ducis).

« La forêt, dit un autre auteur, est exprimée par le patois *Jore*, qui en se modernisant a pris la forme *jour*, *jou* et *joux*.

Nous terminerons ces intéressantes citations en rappelant au souvenir du lecteur le nom d'un massif montagneux de l'Afrique du Nord, massif qui est très important et que nous avons traversé dans tous les sens pendant nos excursions en Algérie : je veux parler du Djurjura.

Joux. — Variante de Jour, comme nous venons de l'apprendre, et qui exprime l'idée de bois, de forêt. En patois, il se prononce quelque chose comme Dzaï et a bien le sens de parcelle boisée ; en bohémien, Jou n'est plus que de l'herbe (De Bock).

Nous connaissons Lajoux, Joux Derry, la Joux aux Emery, la Joux aux Roches, Jouxplane, Jouxverte, Jouvernesinez, Jouvernex, etc., et dans les arrondissements voisins : Bellajoux, Joux d'Hiema, Joux des Suets, Jouxplaine, Planajoux, etc. C'est-à-dire que *joux* est très répandu dans la Haute-Savoie et constitue une appellation fréquente en topographie.

Jussy. — C'était Jussiaca en 869. M. Marteaux en fait une déformation du gentilice Jussius, mais on pourrait peut-être y voir un mot composé de la terminaison y, significative d'habitation, et du radical jus : bas à terre. « Li cors jus chaî (le corps tomba par terre) » cite le « Dictionnaire roman par un religieux bénédictin ». Et plus loin le rédacteur ajoute : « Mettre jus, c'était se démettre d'un office, abandonner quelqu'un ».

Juvigny. — Toujours d'après M. Marteau « doit son origine à Juveniacus, dérivé de Juvenius ou Juvenianus ».

L.

LACHAU. — C'est le nom d'un col et également celui d'une pointe, d'un sommet. Le lecteur voudra bien se reporter au mot *Chau*.

LAJOUX. — Hameau de Bonnevaux ; voyez Jou. C'est aussi un hameau de Tollon.

LANGIN. — François de Langin vécut dans la tour qui a conservé son nom : mais quel était le sens de ce nom, c'est ce que nous ne savons pas encore.

LANGUES. — La Tour-des-Langues, à Rive-sous-Thonon, rappelle le souvenir d'une redevance féodale en obligation de laquelle les bouchers de la ville devaient au représentant du duc les langues de tous les bœufs et vaches qu'ils abattaient.

LAPRAU. — Doit être pour Lapras et avoir le même sens que « pratis ».

LATTA. — C'était L'Hasta en 1595. Voir Lattaz, qui est la même chose.

LATTAZ. — Latta, en patois valaisien, c'est la perche (lath, en celtique).L'haste était l'arme d'une certaine catégorie de légionnaires romains.

LAUZENETTE. — L'ancienne propriété des De Maugny tiret-elle son nom d'une sorte d'abri sous roche que nous avons observé dans le voisinage : une loze (galerie) en patois savoyard — d'après Brachet ? Ou bien faut-il faire venir Lauzenette du vieux mot wallon Loz ou Los, qui avait le sens de « ensaisissement d'héritage par le consistoire, consentement à une donation ?» (Dict. r. w.,c. et t.) Dans ce dernier cas Lauzenette rappellerait le souvenir d'une terre patrimoniale .ayant servi à acquitter une dot ou à libérer une dette.

LAVERNEY. — Ruisseau. De l'*ar*, eau, et de *verney*, lieu planté d'aulnes.

LAVOUET. — Est sur le territoire de Vailly et désigne un petit lac, un lavoir (de *er*, eau). Un autre L. dépend d'H. Poche.

LÉCHÈRES. — Tissot dit qu'une « bande étroite de terrain deviendra la *léchère*, pour lizière. » M. Gonthier, dans une note, explique que « léchère viendrait peut-être de laiche (lisca), nom d'une plante qui croît dans les lieux humides. » En wallon, enfin, *laicheir* c'est « cesser, laisser là un ouvrage. »

Et moi qui croyait naïvement que le ruisseau baptisé Léchaire était tout bonnement un ruisselet baignant, arrosant, léchant certaines parcelles!...

LÉMAN. — Voilà encore un de ces mots qui, très familiers à nos oreilles, n'en sont pas moins le sujet de controverses sans nombre.

Lé, en celtique, signifiait lac ; c'est avec ce même sens qu'il fait toujours partie du patois valaisien. Mais *man ?*

Strabon a appelé le lac de Genève *palamena*, de pa (petit) et de lam (amas d'eau).

Ptolémée l'a nommé Limenem, du radical grec limné (étendue d'eau) ou de limen (port).

En gaulois Léman signifiait forêt.

En latin *limen* avait deux sens : seuil de porte et détroit.

Enfin il y a un lac appelé Liman sur les bords de la mer d'Azoff, une localité appelée autrefois Lemenc auprès du lac du Bourget, et une autre appelée Lement sur le Rhône.

Si ces différentes explications ne nous donnent pas la traduction littérale du mot Léman, il n'en ressort pas moins que Lé, lam, limen et limné rappellent tous l'idée d'eau, en tant que masse de liquide. C'était bien du reste le raisonnement de Ducis, quand il s'exprimait ainsi : « Je présume que Lemenc, Léminicum, était le nom du lac (du Bourget), nom générique, il est vrai, comme le Léman..... comme le Lemonis portus de la Manche (en Angleterre), les caps Lemano et Limone qui abritent des ports sur la mer Noire. »

LÉTRAUX. — Voir Létrod.

LÉTROD. — Est comme Létroz.

LÉTROZ. — Vient de strata via, dit l'abbé Piccard, et le mot rappellerait une voie romaine — celle de Genève, qui coupe en deux le lieu-dit appelé Létroz. De là aussi *batteur d'estrade*.

Il ne faudrait pas, je crois, s'arrêter à l'explication qui fait de Létroz : *les traux*, soit les billons ou troncs à débiter.

LINDARETS (Les). — Ce mot serait un diminutif de lenda ou landa (patois valaisien), ou encore de land (celtique) signifiant landier.

LINDAS-GREPPAZ (Les). — Même étymologie.

LOCON ou LOCUM. — C'est un hameau de pêcheurs au bas de la haute falaise à pic que baigne le lac, entre Saint-Gingolph et Meillerie. L'abbé Ducis donne à ce mot le sens de *cabane*, en langue gaële.

Certains auteurs veulent voir dans Locon l'ancien Locum des Romains, localité qui aurait disparu par suite d'un glissement de terrain et dont on entend encore, raconte une légende, les cloches tinter au fond de l'eau par les temps clairs.

En erse *locon* signifie *lac*. C'est aussi le sens de l'ancien nom de la petite ville de Roche, située entre Saint-Maurice et Vevey (dans le Valais) et que l'itinéraire d'Antonin mentionne sous le nom de *penn-loc*, c'est-à-dire de Tête du Lac. Pen s'est conservé d'ailleurs en bas-breton avec le même sens de *tête*, comme dans *pen-bas*, *pen-mark*, etc.

Cependant, quelque tentante que soit l'explication que nous venons de donner, nous hasarderons une opinion différente et qui nous est personnelle :

Lock, en anglais, signifie fermeture, écluse ; et *on*, en gaélique, indique l'eau. Ces deux mots ensemble donneraient donc littéralement : Fermeture de l'eau ou par l'eau, eau formant barrière, passage fermé par l'eau ; et cette interprétation est bien l'image exacte de la situation des lieux, Locon étant à l'endroit où la montagne, coupée à pic, ne laisse plus à la route qu'un passage excessivement réduit et qui n'existait pas dans les temps anciens.

LONNAZ. — Est pour Lonne, qui est le nom d'un bois dans les environs d'Armoy. Pour y arriver directement depuis Thonon, il est impossible d'éviter les marais de Lonne, bien connus des chasseurs de la région et qui nous rappellent sans grand effort l'*on* ou l'*one*, avec le sens d'eau, que nous avons déjà trouvé dans plusieurs noms précédemment cités.

LORT. — La rue de Lort a reçu son nom de M⁻ de Lort qui, dit M. Revon, « fit très gracieusement à la ville la concession à titre gratuit des eaux de la Versoie ». Cette généreuse personne donna aussi à la ville la ferme de Collonge et — ce qui nous importe surtout ici — la maison qui fait le coin de la rue de Lort actuelle et où sont les Sœurs.

LUGRIN. — Se décompose en deux mots celtiques : *lug*, qui signifierait lac, et *rin*, qui aurait le sens de rivière. Cette rivière, ce ne peut être que le ruisseau de Lovernay.

LULLY. — M. Marteaux nous explique que Lully est la même chose que Lullier, hameau de l'ancien Genevois appelé Luliacum dans une charte du xii⁺ siècle, et dérivé lui-même de Lollius, nom d'un potier connu à Vienne. Hem !

LYAUD. — Ly, en celtique, c'est une rivière ou seulement un ruisseau : nous le retrouvons dans l'Arly, dans Lyon, etc. et avec ses formes li, lie, lié, dans un grand nombre de noms de lieux ou de cours d'eau (le Val d'Illiez, par exemple). Du reste, Lyaud s'est écrit Lyez au xv⁺ siècle, et cette orthographe le rapproche tout à fait du radical primitif. Quant à *au* (*d*) nous savons qu'il est souvent pour *an* et qu'il a, comme ce dernier, le sens d'eau — comme dans Aubonne.

M

MACHERON. — En patois, *macheron*, c'est maculé, machuré. Mais ce n'est pas là, selon nous, le vrai sens du nom qui a été donné à ce petit village. Nous pencherions plutôt à le faire venir de *Machau*, mot de la langue wallonne qui signifie « grange, remise tout à découvert. » (Dict. r., w., e. et t.).

MACHILLY. — Est formé des deux mots *ma* ou *mas*, propriété, et *chilly* — qui désigne, d'après Broillard, « des forêts ou des localités frontières. »

MACOLON. — Désigne une ancienne métairie et est formé des mots *ma* ou *mas*, que nous connaissons, et *colon*, qui indique toujours une exploitation agricole : *colonia*.

En anglais *clon* désigne une prairie, une pelouse, un terrain au milieu d'un marais : je ne pense pas que ce soit le vrai sens de notre mot.

MALADIÈRE (La). — « A l'époque où la lèpre régnait en France, dit le C' Peiffer, les infortunés qui étaient atteints de ce mal contagieux devaient être à jamais séparés du reste des hommes et entretenus dans une léproserie ou maladrerie. » Ces établissements s'étant multipliés, car le mal faisait alors de nombreuses victimes, ils ont donné naissance à toutes ces localités qui conservent, encore aujourd'hui, le nom de *maladière* par lequel on ne désigna tout d'abord que l'hôpital qui, plus tard, donna naissance au village.

MALATRAY. — Quelle sombre histoire, quelle aventure tragique tout au moins, a pu faire une aussi mauvaise réputation au ravin de Malatray ?

MALÈVE (La). — Est ce petit cours d'eau qui coule entre le Roc d'Enfer et le Piron. Son cours est-il donc si capricieux, ses eaux tellement dangereuses à de certains moments, qu'il ait réellement mérité d'être appelé *mal ève* ?

Manège. — La cour du Manège, qui s'ouvre sur la place Mollard et dont les piliers conservent encore trace des armoiries dont ils étaient ornés, faisait partie des dépendances de l'hôtel du Marquis de Lullin. C'était la cour des écuries.

Mannant. — Nom d'un ruisseau et variante de mal ève.

Maraicher (Le). — Est-il pour *maraicher* ou bien pour *mas rèche*, qui indiquerait alors une propriété peu appréciée ?

Marais. — Les Grands-Marais sont sur le territoire de Lully.

Marcay. — Une fois mise à part la terminaison ay, indicative d'habitation, nous avons un radical marc dont le sens ne nous semble pas très clair. En effet *mark*, en Scandinavie, désigne bien un champ, un terrain, une campagne, une marche. une frontière de pays; mais en composition il a le sens de petit, de bas et en anglais c'est un « point remarquable. » Dans la langue romane et wallone, *marca* voulait dire également une limite. une frontière. Est-ce bien avec le sens de terrain, de campagne, que nous devons retenir ce nom ? Ou bien faut-il traduire mar par bergerie ?

Marché. — La rue du Marché aboutit effectivement à la place de la Mairie, où se tient un marché bi-hebdomadaire. C'est l'ancienne rue Roborée.

Marclas — nous explique M. l'abbé Piccard, est appelé en 1471 — à propos de la visite de l'évêque de Corneto et Montefiasco aux églises et chapelles de Thonon — *ecclesia paroch. de Marcla sub vocabulo sancti Marcelli*. Mais pourquoi Saint Marcel, et quels ont été les rapports de ce saint avec les premiers fondateurs du hameau ? Faut-il traduire : *Mar cella?*

Marclos. — Mar voudrait dire petit, et clos indique une propriété de faible parcours, selon certains auteurs.

MARIGNIER. — Marignier est la même chose que Maringe, et nous renvoyons au mot suivant.

MARIN. — Était Maringe au xv° siècle, et pourrait bien être l'ancien Marianum dont fait mention une charte de donation par Saint Sigismond. De *mar*, mouton, bergerie.

MARRAN. — Marran, c'était le mouton ; d'où le nom de maroquin donné à une sorte de peau préparée suivant des procédés particuliers — et nullement originaire du Maroc.

MARSILLE. — La fontaine de Marsille, pense M. Vuarnet, pourrait être la fontaine de Mars.

MARTA (PIERRE-). — « La pierre de champ Marta, sous Messery, pourrait dériver de Martin ou de Martine qui, d'après Revon, était le nom donné à un démon apparaissant sous la forme d'une martre » (Vuarnet). Il y a la Pierre-à-Martin à Ballaison et le champ de l'Essert-Martin à Messery.

MARTINETS. — Le chemin des Martinets rappelle qu'au long de cette voie étaient installés jadis un certain nombre de moulins à foulons, actionnés par l'Oncion.

MARTYANS (Les).— A deux cents pas des Marteyrets (Messery); renfermaient des tombes et sont peut-être la sépulture de quelque martyr.

MAS-EN-LES-VOYES. — Lieu-dit aux abords de Douvaine.
Expliquons-nous sur le sens du mot mas, puisque c'est la première fois que nous le rencontrons avec sa signification propre.
Mas, maz, auraient eu en celtique, d'après L. Franc, le sens de maison, de petit chalet avec grenier, et d'après l'auteur du Dict. r., w., c. et t., auraient signifié en wallon « fonds, héritage appartenant à un même seigneur, mais divisé en petites métairies pour loger chacune un paysan, et à laquelle étaient

annexés douze arpents de terre. » Dans ce cas le masso se divisait lui-même en journaux. Nous retrouvons encore le même mot en patois valaisien sous la forme mazo ; et, dans le midi de la France, nous savons que le masé est aux Nimois ce que la bastide est aux Marseillais.

Treize communes, en France, portent le nom de Mas, soit seul, soit accompagné.

Le « Mas-en-les-Voyes » devait border quelque grande voie de communication dont le souvenir est maintenant perdu.

Massongy. — S'écrivait autrefois Messongy mais est certainement pour Mas Songy, la propriété des Saules (Songy étant ici pour Saugy, d'après Tissot). Cependant le Dict. r., w., c. et t. traduit Songy par « homme d'affaires, agent préposé aux soins de quelque gérance ». Les deux explications sont également acceptables et nous n'oserions nous prononcer sur le plus ou moins de valeur de chacune d'elles.

Maupas. — C'est le Mauvais Pas. A l'endroit de la route de Saint-Gingolph qui porte ce nom furent entrepris des travaux de réparation qui durèrent de 1734 à 1736 (Ducis).

Maugny. — Pour M. Marteaux dériverait de Mannius ou de Magnius. S'est écrit Mogny et nous paraît plutôt venir de « mogne, moine : *monachus.* » (Dict. r., w.)c. et t.). Le château est une construction très ancienne.

Maxilly. — Est pour Machilly et s'est orthographié Maxilier.

Une charte de la fin du xiiᵉ siècle lui donne le nom de villa Maxiliaco ; et M. Marteaux en fait naturellement un dérivé de Marcellius. Nous avons vu cependant que Chilly aurait eu le sens de forêt, ou de localité forestière tout au moins ; et M. Rocherolle nous affirme, de son côté, que Max avait celui de métairie. Maxilly était donc la métairie du bois, et nous savons que cette commune est encore fière de ses beaux bois des Chats-parlants.

Megève. — (Medgève dans les vieux textes) se prononce en patois Meziéva, d'après Brachet ; et le Dict. r., w. c. et t. nous apprend que *mez* signifiait *milieu*. M. Ducis fait venir Meg du mot *mag*, habitation ; mais un autre étymologiste (je ne retrouve plus son nom) traduisant aussi Megève par *medio aquarum*, c'est cette dernière interprétation que nous adopterons.

MEGEVET, MEGEVETTE. — Sont les diminutifs de Megève.

MEILLERIE. — Serait-il pour Meilleraie, synonyme de Nespoul — qui est le nesplier ou néflier — ou ne faut-il pas plutôt le faire venir de mell, mil, qui signifiaient roc, montagne ? Les rochers de Meillerie ont une réputation trop bien établie pour que l'hésitation soit permise.

On trouve en France : Meilleraie, Meilleray, Meilleraye, Meillers, 2 Melleray, Meilleroy.

MÉRANDON. — Mé, comme ma-mas, dérive du latin manere, demeurer, et indique soit une habitation, soit une propriété : Me-randon, la propriété de Randon.

MESSERY. — Est-ce la même chose que « messerie, étendue des terres, des maisons qui dépendaient d'un lieu, d'un château, d'une paroisse : *messaria*, de *messis* ? » (Dict. r., w., et t.).

MÉTRAL (CHEZ-). — Lieu-dit. Nous savons que « les personnes de sang noble ne dédaignaient jadis ni les fonctions de châtelain ni même celles de métral... » qui étaient de petits officiers municipaux chargés d'un service particulier dans la banlieue, quelque chose comme un adjoint investi de la police municipale suburbaine, un peu plus qu'un garde champêtre.

MICHAUD. — Le nom de la rue Michaud rappelle celui d'un généreux philanthrope, fondateur de l'asile des vieillards de Thonon.

MILIEU. — Le Mont-du-Milieu est bien clairement dénommé.

Milly. — Il y a deux localités de ce nom : l'une sur Lucinge, l'autre sur Neuvecelle. La première était Millie au xii° siècle et peut venir : 1° par Œmiliacum, avec aphérèse de l'a, de Œmilius (plus tard Amilius); 2° par Mœliacum ou Milliacum, de Mœlius ou Melius; 3° par Malliacum, de Mallius. » (Marteaux).

Mirebelle. — La pointe de Mirebelle indique nettement que le touriste qui fait l'ascension de cette montagne *admire belle vue* quand il est parvenu au sommet.

Miroir (Le). — C'est l'ancienne propriété des Roitembourg, qui baigne le pied de ses terrasses dans les eaux du lac, en face d'Évian et vis-à-vis Lausanne. Le Miroir est un nom qui me rappelle toujours le joli quartier de Miramar, à Oran, d'où nous aimions tant à admirer la mer. (*mire-mar*).

Moachon. — En Scandinave, mo c'est la lande, la bruyère (général P...).

Moellasson. — Moëlle, moille, moillié, viennent — paraît-il — de moles, pierre énorme, qui a donné mola — pierre à moulin.

Moens. — Se retrouve dans Samoëns, les sept pies ou les sept montagnes. Il s'agirait peut-être de quelque moë ou mürger comme on en rencontre encore en Savoie. « Le comte de Loches, dit Ducis, avait pensé que les *moës* étaient des témoignages d'alliance et de bon voisinage, ou des mont-mercures. » Mais si les moës sont des monceaux de pierres, des tumuli, peut-on dire qu'ils sont la même chose que « moëns » ?

Moget, Mogette. — Sur Loisin ; viennent vraisemblablement de *moge*, qui signifie jeune vache, génisse n'ayant pas encore vêlé.

Mole — et le mot suivant :

Mollard — sont aussi fréquents sur l'une et l'autre rive du Léman que dans l'intérieur de l'ancienne province de Savoie.

Ils indiquent toujours soit un simple relief du sol, comme un talus ou une butte, soit une hauteur de dimension plus considérable : c'est ainsi que nous trouvons à Genève le quartier du Mollard, groupé autour d'une colline aujourd'hui comprise dans la ville même; puis la montagne du Môle, au-dessus de Bonneville, qui atteint 1,866 mètres d'altitude, etc. Mais la place du Mollard, à Thonon, signifie tout autre chose, et je ne sais trop comment m'exprimer avec décence... Sachez qu'on l'appelle aussi « place des Hommes » parce que les gens du peuple aiment à s'y rencontrer le dimanche, après la messe, et s'y livrent à d'interminables parlottes qui ne vont pas sans une production surabondante de salive.

La langue populaire, d'ailleurs, n'a-t-elle pas créé le verbe molarder, usité pour désigner l'expectoration de certaines mucosités d'un volume plus ou moins considérable ?

Mollié. — Pour Ducange « mollia est un terrain creux que des eaux parcourent ». Pour Littré « mouille est une source qui suinte dans une prairie ». Enfin, en bohémien, « moil » est la boue. Ces trois mots sont donc synonymes et également indicatifs d'un terrain humide : d'où Sèchemouille, par exemple.

Mollière (La). — Est comme Perrière, qui est lui-même pour pierrière, et indique une exploitation de pierre à bâtir ou un dépôt de *pierres molières*.

Mont d'Evian. — Et le suivant :

Sous-le-Mont — sont des expressions géographiques dont tout le monde saisit facilement la signification.

Montjoux. — Désigne toute cette partie du territoire de Thonon qui s'étend à l'ouest de la ville, entre Froidlieu et le hameau de Corzent.

Les religieux du Grand-Saint-Bernard (ou Mons-Jovis) y possédèrent pendant longtemps un cellier, qui a été transformé depuis une vingtaine d'années et qui est devenu la maison d'habitation du comte Charles de Foras. Comme les religieux étaient également propriétaires, à l'époque, du terrain compris entre le lac et la route de Genève, on prit l'habitude, qui est restée, de désigner l'ensemble de ces terres sous le nom de Montjoux, qui était celui de la maison-mère.

MONTRIOND. — C'est le nom d'un village et celui d'un charmant petit lac dont la cuvette est au centre d'un cirque de montagnes boisées. Des fenêtres de l'ancien hôtel Marius, devenu propriété du baron de l'Epée, le touriste embrasse d'un seul regard tout l'ensemble de ce site pittoresque où les montagnes semblent former autour du lac comme une *ronde* de grands géants trapus et vêtus de vert.

« Au XIXe siècle *Mons rotondus* était un des villages de communauté de *Caravallis*. Montriond n'est devenu le centre principal que sur la fin du siècle dernier, lors de l'établissement de la chapelle en église paroissiale. » (Ducis).

MORCY. — Morsier au XVe siècle.
Mor, en Scandinavie, est synonyme de marais, marécage, bourbier, vase ; en Islande, de tourbe à brûler. Or nous connaissons tous les marais de Morcy, qui occupaient autrefois les bas-fonds situés entre les sources de la Versoie et la Grangette et que la captation des eaux de la source chère à Saint-François ont permis de drainer et de transformer en prairies.

MORGE. — La Morge, qui a une homonyme dans le canton de Vaud, descend du massif de la Dent d'Oche et forme la frontière du Valais dans le village même de St-Gingolph. Son nom est une contraction de more (noire) et de ouche (eau) et est la traduction du nom d'un ruisseau, appelé l'Eau Noire, qui coule sur l'autre versant de la montagne.

MORILLON. — Le domaine de Morillon, aux portes de Thonon, renferme un étang que les citadins ne craignaient pas d'appeler lac et sur lequel ils aimaient, au temps de ma jeunesse, à aller patiner. Est-ce cet étang qui a donné le nom de Morillon (de mor, *marais* en scandinave) ?

MORZINE. — Ducis fait venir Morzine de Morgin, qui, lui-même, viendrait de Morge. La Suisse a encore Mourzena et Morgena, qui sont la même chose.

MOTTE (La). — Le lac de la Motte est une pièce d'eau dans la montagne plutôt qu'un lac à proprement parler. La Motte, en topographie, est synonyme de Montceau, de Butteaux et de Môle ou Mollard. Le patois valaisan a encore *moeté*, qui signifie tertre, mamelon,

MOTTES (Les). — Sont des champs près de Messery.

MOTTET (Le). — Diminutif de Motte ; est un accident de terrain dans le Grammont.

A propos de ces noms de Motte et Mottet, que le lecteur nous permette une courte citation tirée d'un ouvrage intéressant : Les frontières du Dauphiné. « Et lors le comte Amé eut conseil de faire bâtir deux forteresses. En moult brief temps furent bâtis deux chasteaux, c'est assavoir les Marches, pour ce que marchissoyent en Dauphiné, et l'autre les Mottes, pour ce qu'il est plus avant sur les Motez de la vayssière (vallée). »

MOUILLE (La), SOUS-MOUILLE et leur diminutif :

MOUILLETTES (Les). — Indiquent des endroits humides, sinon marécageux.

MOUSSIÈRE (La). — Est une section de la commune de Saint-Jean-d'Aulph que ses démêlés avec la paroisse ont rendue à jamais célèbre. Son nom indique un endroit moussu, c'est-à-dire humide, et s'explique par sa situation au bord du torrent.

MULAZ-BRÉGAND. — Lieu-dit et exploitation agricole aux abords du parc de Ripailles : c'est la meule ou moulin du nommé Bragand.

MURAILLES (Les). — Sont un mas de Douvaine que devaient traverser anciennement les murs d'enceinte du bourg féodal.

N

Nanjou. — Composé de Nan (t) et de Jou (x) : voir ces mots. A le sens de « ruisseau de la forêt ».

Nant. (Le) — Nant, c'est le ruisseau en général et — par extension — une vallée, une dépression de terrain. Il y a en France (surtout dans le nord-est) une foule de localités dans le nom desquelles le mot nant entre en composition, comme par exemple Nancy, Nansouty, Nantua, Izernant, etc. En Chablais nous connaissons : Les Nants, Nant-cru, Nant-dessous, Nant-dessus, Nant-d'Enfer, Nant-de-la-Ville, Vers-les-Nants, et cent autres du même genre.

Nantis (Aux). — Variante et diminutif de Nants. Près de Cluses il y a un Nanty qui s'écrit par un *y* au lieu de *is*.

Narmont. — *Nar* et *ner* sont des formes vulgaires de *noir* qui se retrouvent dans un grand nombre de noms de lieux : en Chablais, c'est Narmont pour Noir-mont ; à Grenoble, ce sera Néron (ner-on) pour eau-noire (le ruisseau profondément encaissé qui passe à Narbonne ayant dû servir à baptiser le Casque funeste aux ascensionnistes).

Nernier. — Narniacus, dans une bulle du 9 juillet 1250. Doit peut-être son nom de *village noir* (ner-n-ier) aux châtaigniers dont la sombre feuillure ombrage les bords mêmes du lac.

Neuvecelle. — Ce nom seul évoque immédiatement le souvenir de la légende du vieil ermite qui révéla au jeune écuyer en mal d'amour les vertus de l'eau d'Evian. Neucevelle, c'est Nova cella, et la cella ou celle était autrefois une cellule, une cabane, une hutte isolée, ou encore une remise à instruments.

Nez (Les). — Sont pour Les Naz, qu'on fait venir de *naris*, bateau : le lac de Lovenaz est formé de Lov (pour l'èv, eau) et de *naz*, nef ou bassin, cuvette.

NITON. — C'est un mas de Sciez, et aussi le nom d'un gros rocher qui émerge de l'eau dans l'avant-port de Genève. Tous deux sont des souvenirs de l'époque (combien lointaine !) où l'on rendait encore un culte à Neptune (Nettuno).

NOUY. — Lieu-dit. Est pour *noue*, en latin *noda*, qui est le trou d'eau stagnante où l'on fait rouir le chanvre. Broillard dit qu' « autrefois c'était la *noé*, de noa et novium, dérivés comme noda de nadare, forme de natare ». Et natare n'a pas seulement le sens de nager, comme on aurait tort de se l'imaginer ; il signifie encore, d'après mon dictionnaire latin, déborder, se répandre, être inondé, baigner dans.

NOVEL. — Dans Novel, no est pour novus, comme dans Novillard et Novalaise. L'auteur du Dictionnaire r., w,. c. et t. appelle Novale, Novalis, « une terre défrichée et mise en labour ; *item*, une dîme qui se levait sur les fruits des héritages nouvellement défrichés et qui, de temps immémorial, n'avaient point été cultivés ou n'avaient pas porté de fruits sujets à la dîme ».

NOYER. — Il y a le village de Noyer, sur la route des Allinges, et la Tour du Noyer, qui fait partie de l'enceinte extérieure du parc de Ripailles.

« Le noyer, *nucarius*, a donné des noms aux vieux pagi dans toute la France. Tels sont Noyarède et Noyaret, Noisy, Nuits, etc. » Noyer, comme nom de village, vient donc de nucarius, c'est entendu.

Quant à la Tour du Noyer, c'est autre chose. Il y pousse bien un noyer, dont la frondaison émerge au-dessus des vieux murs lézardés. Mais la légende - qui n'aime pas les faits trop simplement exposés — veut qu'un batelier, requis de passer en Suisse un voyageur proscrit de la terre savoisienne, ait été séduit par l'appât d'une cassette que portait son passager et qu'il savait contenir de l'or et des bijoux. Il aurait jeté à l'eau le voyageur, dont le corps aurait été plus tard porté sur la côte par le courant et aurait été enseveli ensuite dans la tour qui, depuis cette époque, a pris le nom de Tour du Noyé.

O

Oche. — E. Tissot dit que : « *Uleus*, sillon, nous donna l'Uche, les Uches, les Houches, les Oches, l'Oche ou Loche, Louche, l'Hoche. » Pour d'autres Oche viendrait de l'all. *Hoch*, haut, élevé. M. Ducis, lui, fait dériver Les Houches de Os-chiæ, Hoschiæ, campagnes ajoutées les unes aux autres. M. Gonthier les tire de *ochia*, terrain cultivé, mot qu'il fait venir lui-même du verbe *occare*, émotter, herser. Le Dictionnaire r. w. c. et t., enfin, traduit Oche par entaillure, coche.

Examinons ces différentes explications et éliminons tout de suite celle qui pourrait faire confondre Uche ou Huche avec Oche. Nous avons vu plus haut, en effet, que l'expression « l'huche telle ou d'un tel » était encore fréquemment usitée pour désigner une propriété particulière, une campagne ; mais Oche, qui est le nom d'une dent ou rocher très escarpé au sommet d'une haute montagne ne saurait évidemment avoir cette signification. Il semblerait bien que le sens d'entaillure doive être préféré. Mais ne pourrait-on pas dire aussi, et avec quelque vraisemblance, que Oche est ici pour Ouache, qui est comme *ouache*, lequel a le sens d'eau courante (dans pissevache, par exemple) ? Oche désignerait alors le point central du massif montagneux, et souvent couvert de neige, d'où descendent maints petits cours d'eau, tributaires plus ou moins directs du Léman.

Et à ce propos il n'est pas inutile de citer ici le nom d'une montagne qui avoisine Constantine, en Algérie, et dont les petits lacs alimentent en partie la ville d'eau potable. C'est le djebel Ouach, que nous traduirions tout naturellement par montagne de l'eau. Mais les arabisants nous ont évité la honte d'une aussi grossière erreur en traduisant Ouach par Bêtes fauves (de Ouhhicha, bête féroce ou sauvage, au pl. ouache). Ce sont eux, évidemment, qui ont raison !

Onces (Les). — Lieu-dit. Est-il pour Oncion ?

Oncion ou Ancion. — Ducis explique que « *an*, en gaëlique, *ache*, en kimrique, signiflent eau, rivière. La finale *on*, dit-il, rappelle également l'idée d'eau ; et on reconnait de suite, dans la réunion de ces radicaux sous l'orthographe latine, *accion* (ancien nom du lac), une étendue d'eau ».

Disons tout de suite que si le ruisseau de l'Oncion s'appelle sur quelques cartes *Pamphiot*, en revanche Amphion porte, dans les chartes des XIII⁰ et XVII⁰ siècles, les noms de Oncion, Ançion et Anfion. Il y a là une confusion au moins singulière, et on pourrait être à bon droit porté à penser que ces différents noms sont synonymes, puisqu'on les a autrefois employés les uns pour les autres.

On et An ne font aucun doute : ils indiquent bien la présence de l'eau et s'expliquent aussi naturellement dans Amphion que dans Oncion. Mais la finale sion ou cion, que signifie-t-elle ?

En terme forestier, un scion est une partie d'arbre coupée, sciée, séparée du tronc ; or, l'Oncion se sépare en deux branches, à partir de Chignan, et ses deux bras vont se jeter dans le lac : l'un à Corzent, l'autre à Ripailles. Oncion voudrait-il dire, alors, « rivière qui est coupée, séparée en deux » ?

ONNION. — Est un petit cours d'eau. Dans l'arrondissement de Bonneville, il y a l'Ognon ; et ces deux noms, si on les ramène à la forme simple, qui est Onion, doivent avoir pour origine commune, soit On, avec le sens d'Eau ou de Rivière, soit — d'après Tissot — « Ounn, qui est la forme armoricaine du frêne et dont on tire Lognon ou l'Ognon et Onnion ».

ORCIER. — Il y a une parenté évidente entre Orcier, village des environs de Thonon ; Lorsier, près de Viuz-en-Sallaz ; Orcières, dans l'arrondissement d'Embrun ; et la Cascade de l'Oursière, au-dessus d'Uriage.

Les localités ainsi baptisées se trouvent toutes en pays de montagne et dans des sites plus ou moins sauvages où les ours ont dû autrefois abonder. Il est même plus que probable que ces vilaines bêtes ont animé de maintes péripéties émotionnantes les chasses auxquelles prenaient part nos aïeux des bons vieux temps.

OUA. — Pour vua, et le mot suivant :

Ouan (Tate-a-). — sont pour vuan.

Les Vates, ou eubages, explique M. Vuarnet, étaient une catégorie de prêtres gaulois, et ceux-ci auraient laissé leur nom aux *tates à ouan*, qui sont comme *rates à ouan*. J'avoue que cette explication rentre dans la catégorie des noms qu'on a trop vite fait d'expliquer en les baptisant romains. D'ailleurs, et Ouen *!*

Ouche. — « Les ouches, dit le commandant Peiffer, sont de bonnes terres labourables, autrefois entourées de fossés ». C'est à peu près la signification que donne du mot Oche l'abbé Ducis, et ces messieurs sont d'accord avec le Dictionnaire r. w. c. et l., qui dit que « Oche est terre labourable, fermée de hards ou de fossés ; *item*, un jardin fruitier ». N'y aurait-il pas confusion avec Huche ? Nous le penserions volontiers en donnant à Ouche le sens de terrain bordé d'eau, comme est Ouchy, par exemple.

P

Pallud (La). — Palu, palud (en patois valaisien), et palut (en celte), indiquent un marais ou tout au moins un terrain marécageux.

Pannière (La). — « Le droit de ramasser les graines du hêtre (les faines) et du chêne (les glands) est désigné sous le nom de *droit de pannage* ; c'est un droit d'usage qu'ont encore quelques communes dans certaines forêts. » (Peiffer).

Pannière est-il bien pour pannage, lieu soumis au pannage ? Nous le pensons.

Pardon-Probert. — Pardon est ici employé pour *vœu* et désigne, soit une chapelle, soit une croix édifiée par les soins ou par le moyen des deniers d'un certain Probert.

Pas (Le). — Est pour passage et désigne un endroit difficile et dangereux. Du l. passus.

Outre les nombreux lieux dits et accidents de montagne auxquels on a donné le nom de Pas, soit seul, soit accompagné d'un déterminatif (tel que le Mauvais-Pas à Chamonix, par exemple), il y a en France six communes qui ont nom Pas ou Pas de...

PATINERIE (La). — Une patinerie, c'est un pâturage : de palis ou pastis, qui s'écrivait pasquis à Metz et qu'on rencontre à Annecy sous la forme Pâquis, à Genève sous celle de Pâquiers. Le Dictionnaire r. w. c. et t. fait remarquer que pastis se disait quelquefois des terres dont le propriétaire ne faisait usage que pour la nourriture de ses bestiaux.

PATINIÈRE (La). — Corruption et synonyme de patinerie.

Le nom de Patinerie s'est conservé à la propriété des Arpes par suite de cette circonstance qu'elle possède un petit lac sur lequel les jeunes gens de Thonon aimaient autrefois à aller patiner pendant l'hiver.

PAUL (Saint-). — Cette commune possède un petit lac très connu dans toute la région, tant des touristes — qui en font volontiers un but d'excursion — que des naturalistes, qui y pêchent de belles moules non comestibles.

Coïncidence à noter : *poll*, en langue scandinave, veut dire *étang* ; et, dans la langue anglaise, *pool* a exactement le même sens : « En topographie, dit le commandant Peiffer, ce nom est donné à un trou, un fossé, une caverne, aux endroits profonds des rivières ou des lacs ». Il y a là plus qu'un hasard...

PENAY, PENNAY. — Diminutifs de « pin ».

PENNOTTES (Les). — D'après Tissot, ce sont des cônes de pin ou de sapin, et leur nom viendrait de *pen*, tête, cime, faîte, extrémité, pointe. On le rencontre en gallois, où il signifie dieu, montagne, colline, pointe ; en écossais, avec le sens de montagne ; en hébreu, où on le traduit par sommet, cime, extrémité ; enfin, en allemand, où il veut dire élevé, pointu.

PÉRIEL (Au). — Lieu-dit. Péry, péril, c'est l'arbre à cidre : le poirier.

PERRIÈRE (La). — « Les matériaux nécessaires aux sociétés, qu'on ne trouve qu'en fouillant la terre, ont forcé les hommes chargés de procurer ces matières à s'établir près de leurs chantiers de travail ; le motif de leur installation fut en même temps celui du nom de la localité qu'ils bâtirent pour leur commodité. » (Peiffer).

Il y a, à Annecy, un quai Perrière qui a pour origine, je crois, un nom d'homme plutôt qu'une carrière ; mais le quai Perrière de Grenoble doit bien réellement son nom aux escarpements contre lesquels viennent s'appuyer les murs de ses constructions.

Quatre communes en France portent le nom de Perrière.

PERRIERS (Les). — C'est une gravière aux abords de Thonon. Il y a en France cinq communes de ce nom.

PERRIGNIER. — Nous avons vu plus haut que péry désigne l'arbre à cidre ; en Valais, péri c'est la poire.

Il y a en France sept communes du nom de Perrigny et une du nom de Perrigney, en outre de Perrignier. Tous ces noms sont synonymes.

PESSEFELISSON. — Voir le nom suivant.

PESSES (Les). — Pesse, dans le canton de Vaud, c'est le sapin rouge. Tissot dit que c'est l'épicéa. Mais d'après le Dictionnaire r. w. c. et t. « pesse a signifié un morceau de terrain : *un pesses de preit*, une pièce de prés, trouve-t-on dans un titre de 1246 ».

C'est le premier sens que nous croyons devoir adopter.

Il y a, près de Chambéry (Champ-péry), un hameau appelé « La Pesse » ; et on devrait certainement traduire ce nom par Sapinière ou Sapinerie.

PESSET. — Est le diminutif de Pesse.

PETHOUD (Le). — Les combattants de l'ancienne armée féodale, qui composaient la dernière ligne des gens armés, portaient le nom de pétaud ou pitaud et étaient employés à creuser des fossés, caver des mines, etc. Mais peut-être que, sans remonter jusqu'aux ancêtres de Pitou, il serait plus facile de traduire pethoud par petiot?

PIERRE (La). — Est un lieu-dit.

PIERRA MORE. — C'est un gros bloc de rocher qui émerge du lac, entre Thonon et le hameau de Corzent, et que les gens du pays appellent « La Pierre-d'Amour », parce que, disent-ils, garçons et filles aiment à aller s'y promener de compagnie quand arrivent les premiers beaux jours de printemps.

Un chroniqueur a raconté, dans un ouvrage intitulé *Le Gardo*, que cette roche avait vu la défaite des Maures aux temps déjà lointains de l'invasion sarrazine; mais mon voisin de campagne, qui n'est qu'un paysan, m'a regardé de travers quand je lui ai parlé de cette prétendue tradition : « Votre faiseur de livres, m'a-t-il dit en grommelant, devrait *assavoir* que, dans le parler du pays, *more* c'est comme noir, et que la Pierra-More c'est tout bonnement la pierre noire, ainsi dénommée parce que, en effet, elle est toute assombrie par l'eau et par les mousses ». Attrape, mon vieux !

PIERRE-MOLIÈRE (La). — Est la pierre meulière.

PIGNIER, PIGNY. — Sont synonymes de peigneur de chanvre.

PIGNOLIÈRES (Les). — Seraient alors des chanvrières ou d'anciens ateliers de tissage de chanvre.

PINAUD (TÊTE-A). — Pinoud ou Pinod, pour penel, est un diminutif de pin.

PIOTON (CHEZ). — Piotton est le sobriquet qu'on donne à un homme qui a les jambes courtes.

PISSEVACHE. — C'est un ruisseau en Chablais, une cascade en Dauphiné et dans le Bas-Valais.

Les noms de lieux commençant par *pisse* indiquent l'existence d'une chute d'eau, d'un fort jaillissement tout au moins. Quant à *cache* il est pour *ouache*, qui est indicatif d'eau comme nous l'avons vu au mot *ouche*. Si le mot s'est conservé à travers les siècles, c'est par une fausse interprétation de la part des paysans, qui se sont plu à voir dans *pissevache* un tout autre sens que celui que l'étymologie doit lui rendre.

PITTOLAZ (CHEZ-). — Je ne sais où j'ai lu que pittolaz signifiait crottin de chèvre...

PLACE (La). — Est un lieu-dit.

PLACETTES (Les).— Sont un diminutif de « places. »

PLAGNES (Les). — Sont pour les Plans, les Plaines.

PLAGNIEN. — Celui qui est de la Plaine, du Plan.

PLAINE. — A plutôt le sens de terrasse, de partie basse dans la montagne, de palier. Nous connaissons *Plaine Dranse*, *Plaine Joux* (Plan de la forêt) et *Plaine Serce* (plana silva ?).

PLAINET. — Est le diminutif de plaine.

PLAN (Le), Les Plans. — Un plan ou plat, c'est « un sol uni, une plaine ». Et M. Marteaux explique que « dans la topographie alpine, plan désigne les parties planes et assez exiguës du terrain par opposition aux hauteurs voisines ».

En somme, plaine et plan seraient la même chose pour nos montagnards.

Nous connaissons le plan Fayet, le plan des Prots, etc.

PLANBOIS (Les). — « Cette dénomination de forêt de Planbois, explique M. A. Schoeffer dans la *Revue des Eaux et Forêts*, vient sans doute de la situation des bois de ce nom ; car, bien que l'altitude varie entre 450 et 600 mètres, c'est bien la plaine pour un observateur qui contemple le massif d'une des cimes voisines ».

PLATET. — Terrasse, terrain plat ou sans accident important.

PLENAY. — « Le planay, *planui* en 1202; de *planetum*, endroit où il y a de petits plateaux ». (Marteaux).

POCHE. — Habert Poche. Peut-être *poche* est-il ici pour « puech, une montagne » en langue r., w., c. ou t. Sur place un indigène m'expliquait que Poche indiquait plutôt la situation topographique du village, bâti dans un creux du terrain : une poche. Le mot est encore employé par les ingénieurs et par les mineurs.

POINTE (La). — Sur Messery : est une ancienne station lacustre.

PONT. — Ce n'est plus qu'un lieu-dit, à l'entrée de la vallée des Dranses. Mais la population a conservé le souvenir de l'ancienne paroisse de Pont, qui s'élevait sur la rive droite du torrent, en face de Tully, et qui communiquait avec la rive thononaise par le moyen d'un pont dont les derniers vestiges ont disparu tout récemment.

PONT-DU-DIABLE (Le). — Ce sont des gorges sauvages, mais d'un grand intérêt, à 16 kilomètres de Thonon. Le rocher s'est entr'ouvert pour livrer passage à la Dranse, qui s'y engouffre avec grand fracas. Un chemin de touriste et une galerie suspendue permettent aujourd'hui de parcourir cette coupure sans aucun danger. Ces travaux ont été exécutés par un simple paysan, Bochaton, qui en a été tout à la fois l'architecte et l'exécuteur.

PONT-DES-PORTES (Le). — Avant Abondance : rappelle le souvenir des portes et des ouvrages avancés qui protégeaient autrefois le bourg contre les entreprises de *ceux* d'Evian.

PORTES (Les). — C'est un mas de Douvaine sur lequel devait s'élever autrefois quelque porte de l'ancienne enceinte du bourg. Il y a 5 communes de ce nom en France.

PORT. — La rue du Port (aujourd'hui boulevard Carnot) est le chemin le plus direct pour descendre des vallées au port de Rives sans traverser Thonon.

PRAILLE. — Pourrait venir de *pralla*, genèt (en patois valaisan), ou de *praly*, pâturage.

PRALOIRE. — « Nos pâturages s'appellent le praz ou la práz, planpraz, les prats, Longpraz ou Pralong, praly, pradely, praille, la pralie, les pralettes, prarion et praz riond, pralet ou prelet, presles, les pratis, les pàquis, le paquier, les pattus, pravy ».

PRÉBOIS (Les). — Ce sont des clairières au milieu ou aux abords des bois.

PRIEURÉ (Le).— Sur Bellevaux : est un souvenir historique.

PUBLIER. — Tire son nom de *populus*, peuplier (en latin), qui se dit encore *publio* en patois vaudois. Publier se prononce pobli en patois chablaisien.

PUETS (Les). — Pour M. Tavernier signifie Les Sommets.

R

RACHET (Crèt). — Rachet est pour rocher ou rocheux, comme dans le Mont-Rachaix qui domine la Bastille, au-dessus de Grenoble.

RAFFORT. — Lieu-dit forestier (Bellevaux).
En scandinave *ra* est comme rangée, crète, ligne de faite, èt *fort* est pour forèt.

RAFFOUR. — Autre lieu-dit forestier. Nous pensons que *four* est ici pour *for* ou *fort* et non pas, comme l'avance M. Vuarnet, pour désigner un « four de tuilerie ou de charbon de bois ».

RAPPAZ (La). — Canton forestier. Brachet dit qu'en patois savoyard « rappa c'est grimper, monter sur un arbre en se servant des bras et des jambes pour la partie sans branches ». Si nous ouvrons le Glossaire du xvii° siècle écrit par de Bois-Melly (*Revue Savoisienne*, 1885), nous lisons, page 377 : « Raspe, mot encore usité dans les dialectes romands. Bois-taillis sur les pentes des montagnes. C'était, et c'est encore, une propriété communale ».

En somme ces deux explications ne sont pas contradictoires, car elles désignent l'une et l'autre une partie de forêt sise en terrain accidenté.

RAPPES. — Parts d'exploitation sur les bois communaux que possèdent, d'après un très ancien droit d'usage, les habitants des deux nations — française et suisse — de Saint-Gingolph.

Les Rappes pourraient être considérées comme des droits aux rappaz, *rappaz* étant d'ancienne façon d'écrire.

RAVIÈRE (La). — MM. Lempereur et Tissot pensent que Ravière désigne « un lieu propice à la culture de la rave ou des racines, ou bien encore où l'on creusait des fosses pour enfouir cette récolte de racines pendant l'hiver ».

RAVINE (La). — Sur Sciez : est un lieu-dit.

RAVOIRE (La). — A son homonyme près de Chambéry et pourrait venir du vieux verbe ravoirer, « reprendre, saisir féodalement le fief d'un vassal et s'emparer des fruits ».

RAVORÉE ou ROVORÉE. — C'était un manoir féodal, bâti sur un promontoire qui domine le lac (entre Yvoire et Excenevex). Rasé en 1307, il ne subsiste plus que quelques vestiges de son enceinte.

M. Gonthier tire Ravorée ou Rovorée de *robur* (en latin : chêne, bois dur, et par extension : force, solidité).

RECULFOIX. — Est un hameau d'Habert Poche.

REMBLE (Au). — Ce lieu-dit, d'après M. Tavernier qui l'a vu, « est dans une cuvette dont le fond plat dénote un laquetcomblé ». Or, en espagnol *rambla* désigne « un lieu ou terrain sablonneux ; un creux, une fente de rocher par où les eaux se précipitent en temps de pluie, un ravin ». Il y a donc similitude, sinon identité, entre les deux traductions.

RENVERS (Le). — Est comme Devers.

REPOSOIR. — C'est un endroit du chemin, sur la crête, où les montagnards ont coutume de reprendre haleine avant de poursuivre leur route.

RESSÉ. — Et le mot suivant :

REZ (Le). — Sont pour *reisses* ou *raies*, d'après E. Tissot. « Nos cultivateurs, explique cet auteur, labourent par grandes lignes ou zones appelées *reisses* ou *raies*, qui engendrent comme lieux-dits : la Reisse, la Râce, les Rasses, er-Rasses (nom patois de la commune de l'Arâches)... »

RICHEBOURG. — « Entre le pont de Gy et le chef-lieu du Biot, il y a le village de Richebourg — nom que l'on trouve aussi dans la vallée voisine, près d'Abondance. Ce premier village est fort ancien; il en est fait mention dans une charte de 1279 (Richubor). » — « Ce nom se rattache vraisemblablement aux antiques *Rachimburgi* qui, chez les Francs, étaient les hommes libres, les notables, les riches, appelés dans la suite *Boni homines*, comme les *Ricos hombres* des Espagnols, de *rek* (puissant) ou de *reich* (riche). »

RICHEFOUR. — Comme plus haut; nous donnons à *four* le sens de forêt.

RIPAILLE. — C'est le nom d'une belle et grande propriété qui fait comme une pointe dans le lac Léman, à un kilomètre environ au Nord de Thonon.

Maison de plaisance sous les ducs de Savoie, puis Chartreuse des religieux de Vallon-Ripailles, cette propriété a donné naissance au dicton populaire : *faire ripailles*. Son nom semble venir de *ripa*, rivage, avec la terminaison *aille* qui exprime l'idée de pluralité. « A ripa Lemani lacus Ripalia », écrivait le Père Labbé (de la rive du lac Léman appelée Rivaille). Cette forme latine « Ripallia » reparaît du reste dans un acte d'Amédée VII : « Datum Ripalliæ ».

Cependant Pierre Gaud fait venir Ripailles de « ripa alia ». M. Jules Vuy lui donne le sens de terre vaine, inculte, de peu de valeur, qu'il aurait d'ailleurs conservé dans plusieurs parties de la Savoie, tandis que le curé Martin le fait synonyme de ripe, qui, en parler bressois, est une terre « ne produisant que broussailles et bois rabougris ». Le droit de ripe est d'ailleurs connu dans l'Histoire du Droit ancien.

Rison (Le). — Est un ruisseau. C'est un diminutif de Risse.

Risse (La). — Est aussi un petit cours d'eau (sur le territoire de Mégevette).

Pour expliquer ces deux noms, il faut savoir qu'en topographie anglo-saxonne *rise* est une source.

Ripe, Rippe et **Petite Rippe** — ont la même étymologie, sans doute, que Ripailles. Rive-sous-Thonon était autrefois « Burgum Rippe ».

Rive, Rives, — et les ports appelés *Petite Rive, Grande Rive,* ont un nom qui indique assez leur situation au bord du lac.

Roc (Le). — Est un lieu-dit.

Rochette (La). — C'est le nom d'un ancien château féodal dont les ruines s'aperçoivent encore aux abords de la route d'Annecy, avant Perrigner, et qui tire son appellation d'un rocher sur lequel ses murailles étaient assises.

Romanies. — Le mas des Romanies rappellerait le souvenir des anciens conquérants du Chablais.

Roveriaz. — Est le nom d'un col. Roveriaz est mis pour rouvre, qui est lui-même comme robur et indique le chêne (chêne rouget).

ROVORÉE. — La rue Rovorée, ou Roborée, tenait son nom des anciens propriétaires du château de Rovorée, près d'Yvoire. Rovorée vient lui-même de robur, le chêne, comme Roveriaz.

Aujourd'hui la rue Rovorée est devenue rue du Marché.

RUE (La). — Lieu-dit. « Au nord de Vegy, dit l'abbé Piccard, s'allongent deux mas appelés : l'un Le Rue, l'autre Vaudestra ou *val de la Strata*. Or, ce nom a été généralement donné aux pièces de terre dans lesquelles se sont conservés le plus long-temps des tronçons de *strata via*, ou voies romaines. »

RUFFIEUX. — Vient de ruphy, ruffinus, et rappelle la couleur rouge.

RUMBLE. — Est peut-être comme Ramble ou Remble?

S

SABLONS (Les). — Sont des terrains gagnés à l'agriculture dès 1260 et qui se trouvent à l'embouchure du Vion et du Foron.

SAGY, SAGIS (Les), et le SAGIS-DES-ESSERTS. — Désignent des endroits où pousse le saule : des saulaies.

SAIX et GROS-SAIX, SOUS-LE-SAIX, SUR-LE-SAIX. — Indiquent la présence d'un rocher ou un escarpement dans les lieux ainsi dénommés. Saix vient du latin *saxum* : roc, roche, rocher, qui a formé encore « la Porte de Cé », en Valais.

SALLE (La). — Est synonyme de *celle* (comme dans Neuve-celle). La Salette est un diminutif de La Salle. De *cella*, cham-bre.

SAUGY (Le). — Est pour Sagy. En patois, on dit indifférem-ment : sauge ou sàge.

Savignon. — En patois vaudois, c'est le cornouiller. Cependant, E. Tissot dit que « Savigny, La Sauve, dérivent de *sambucus* et de *savu*, noms patois et latin du sureau. »

Savoie. — C'était Sapaudia à l'époque romaine, Sabaudia à la fin du vi⁰ siècle, Saboja au ix⁰, Savoga au xi⁰, Savojia et Savoja au xii⁰.

Les radicaux Sap, Sab, Sav, Sawd, Sa, exprimeraient l'idée de source, de rivière ou d'immersion ; aud, od, paud, bald, bad, bod, vod, bog, vog, répondraient à l'idée d'opulence, d'élévation, de puissance, de hardiesse et d'abondance : Bogève, contrée bien pourvue d'eau.

Lecoy de La Marche (*Revue sav.*, 1861), explique à peu près de la même façon les transformations successives de Sabaudia en Sabaudjia, Sabaujia, Savaujia et, par adoucissement, Savojia. « *Ager savojiensis*, écrivait-on au xi⁰ siècle », l'*i* et le *j* se fondant ensuite en une seule lettre qui est l'*i* long ou *y* : Savoye, d'où Savoie.

H. Tauxier (*Bull. de la Soc. Arch. de Constantine*, 1866), dit aussi (page 107) : « qu'on rencontre le mot *Saf, Sab, Suf,* avec la signification de rivière ».

Saxel. — Serait une variante de Saix. Pourtant le Dictionnaire r., w., c. et t. donne à Saxis le sens de « nanti d'un bien »; et son opinion, si elle était acceptée, ferait supposer un territoire ayant été, à une époque reculée, donné ou laissé en héritage ou en dotation.

Scée. — Est comme Saix et Cé.

Sciez. — « Les radicaux gaëlique et himrique *scia* et *cia* signifient *aile, extrémité;* pointe du lac, évidemment ». Je ne sais plus de qui est cette note, mais Sciez n'est ni sur le lac ni sur un promontoire. Il faudrait peut-être envisager sa position par rapport au voisinage de Condrée, qui, lui, est bien sur le lac et au fond d'une baie profondément encaissée. C'est une étymologie en somme acceptable.

Seigneur. — Le Champ-du-Seigneur est un souvenir de la féodalité.

SEL. — *Le Champ-du-Sel*, entre Thonon et Rive (et contre la voie du funiculaire), rappelle la trahison de Leclerc en avril 1589. La perfidie de ce citoyen félon faillit livrer le château à ceux de Genève, qui s'étaient déjà emparé des souterrains quand on put leur courir sus (*Hist. de Th.*, par l'abbé Pie^d, p. 226). Leclerc fut mis à mort et sa maison rasée : on répandit ensuite du sel sur l'emplacement qu'elle avait occupé.

SELIÈRES. — En scandinave, *sel* est un chalet de montagne (G^l Parmentier).

SERVAGNINES. — D'après Tissot « Servagnin est le nom d'un plant de vigne estimé ».

SEYTROUX. — De Sey, forêt, selon l'abbé Bonnaz.

SONGY. — Serait, d'après Tissot, comme Saugy (Saule): Massongy, la propriété des Sauges.

Le Dictionnaire r., w., c. et t. dit bien que « Songis sont hommes d'affaires, agents préposés aux soins de quelque gérence »; mais nous croyons que la première interprétation, qui est la plus simple, est aussi la plus vraie.

SORCIER. — Est un pays de *sources* et voit naître l'Oncion. Cependant, des cartes déjà anciennes ont écrit Sur-Orcier et sembleraient indiquer que Sorcier est une orthographe vicieuse ; mais nous ne saurions admettre qu'une erreur aussi grossière ait pu aboutir à débaptiser toute une agglomération.

SOUS-LE-PAS. — C'est un hameau à vingt minutes de Bellegarde, près d'Abondance, et il est bâti au pied d'un rocher. « Il est en partie construit, écrivait Beaumont, sur les ruines d'un autre village appelé Le Pas, qui fut englouti sous les décombres de la montagne. Il est connu que le village du Pas existait au xiie siècle. »

Pas a ici le sens de passage, de défilé.

SOUS-PRÉFECTURE. — La place actuelle de la Sous-Préfecture est l'ancienne place Bassus (Voyez ce mot).

SUETS (Les). — On désigne sous ce nom l'ensemble des terrains et des constructions qui s'étendent, aux abords de Thonon, entre la route d'Evian et celle des Dranses. Le sol, très dur, y serait d'un labour difficile et aurait fréquemment occasionné des accidents aux *chouets* ou socs des charrues de travail. Mais il faut savoir que chouet se prononce communément, à Thonon, « souet ou suet. »

Près de Samoëns, il y a un sommet qui porte également le nom de Suets.

T

TAILLÉE-BRACON. — Taillée est pour Taillis, car il s'agit d'un canton forestier.

TAILLIS (Les). — Sont aussi un canton forestier.

TAILLOUX (Le). — Est une corruption de taillis et est employé pour Bois taillis.

TANNAY. — Lieu-dit, sur le territoire de Montriond, a pour radical *tann*, qui, en allemand, signifie *sapin*, et qui a donné également Taninges, en Faucigny. Ay, pour ier, exprime l'idée de collectivité.

En armoricain, *tann* désignait le *chêne* ; il est donc bien difficile de se prononcer.

TARANTIN. — Lieu-dit ; rappellerait — pense M. Vuarnet — une colonie tarine.

TARNADE. — Ch. Mercier raconte que « le nom de Tarnade, selon de Rivaz, dérive d'un château voisin appelé *Taurodunum Castrum* par Marius, évêque de Lausanne, et auquel se rattacherait la fameuse question de la chute de Tauredunum. »

TELLIS (VERS-). — Lieu-dit : de Tellus, qui désignait la terre productive (Tell, en Algérie).

TELLIS (Les). — Té, télin, telliot, sont les noms vulgaires ou patois du tilleul, dans le canton de Vaud ; et tilla, telle, désignent dans le même idiome l'écorce du tilleul employée pour faire des cordes (Ch. Kastofer).— En latin, tilleul se disait *tilia.*

Ne pas confondre avec le mot *tellis,* qui signifie en arabe un sac de charge fait en cordelettes de laine ou de chanvre.

TEMALAY. — Temé, temela, désignent le sorbier des oiseleurs en patois valaisan.

TERREAUX. — L'impasse des Terreaux, à Thonon, est l'ancienne rue des Juifs. Ce nom de Terreaux, dans les villes un peu anciennes, rappelle les fossés qui en bordaient autrefois l'enceinte, ce qui est le cas pour notre ruelle.

THÉ. — Le Haut-Thé, mal orthographié, c'est encore le tilleul : té, en patois valaisan.

THOLLON. — En celtique, *thol* signifie hauteur et *on* signifie eau ; en irlandais, *toll* c'est la tête ; enfin, *taule* c'est la table. Ces différents sens ne sont pas contradictoires, car tête et hauteur expriment bien l'idée d'élévation. Thollon pourrait donc se traduire : la tête des eaux ou le plateau d'où descendent les eaux. Et tous les Chablaisiens connaissent bien Thollon, au pied de la Dent-d'Oche, à la limite de la ligne de partage des eaux.

THOXON. — En gaulois, *ton* signifie *sur* et *on* signifie *eau*, d'après Ducis.

Pour le commandant Peiffer, « *ton* c'est l'enclos, la maison d'habitation avec ses dépendances, ou bien encore une ferme entourée d'une fortification primitive et servant de résidence au chef. »

M. l'abbé Piccard, de son côté, dit que « le terme teutonique ou burgonde *town,* Thonon, semble désigner notre bourg comme station burgonde du v⁰ siècle ou du commencement du vi⁰. »

C'est l'explication de M. l'abbé Piccard qui nous parait devoir être adoptée : les récents événements politiques ont rappelé à toutes les mémoires ces noms de villes que nous avions oubliés depuis notre sortie de l'école, tels que Southamptown, Capetown, etc.; et nous ne pouvons que les rapprocher de certains noms des deux Savoies, comme Thonon, Thônes, Thonex, etc., et même Toune, en pleine Suisse.

TORRENT. — La Scierie-du-Torrent est un lieu-dit.

THUYSET. — « En Bretagne, dit l'abbé Ducis, l'habitation s'exprime par *ty, tier, tiat,* et ces mots se reconnaissent dans Thuiset. » Tissot est à peu près du même avis, car il dit qu'en gaël *thui* ou *tui,* c'est l'habitation. Il est donc inutile, comme le fait un auteur, d'expliquer que le château de Thuyset « était une maison-forte dans l'ancien clos des Choyset, d'où serait venu le nom actuel ».

TINES (Les). — Lieu-dit. La tine, c'est « le vaisseau à *vin*: tinia* ». Nous connaissons bien les tinettes, terreur des jeunes soldats punis de prison, et nous n'oserions nous permettre de faire un rapprochement entre ces deux récipients, qui n'ont de commun que le nom et la forme générale. Quant aux Tines, ce sont des excavations dans le rocher, sur la route de Morzine à Thonon.

LA TIRE. — Est-il pour *montée* ou bien pour *tyr,* qui a eu le sens de rocher *!*

TOURRONDE. — A pris le nom d'une construction dont l'architecture était suffisamment caractéristique.

LA TRAVERSE. — Est un lieu-dit.

TREMULE. — Est pour « Trois meules ».

TRETOURENS. — C'est le hameau des Trois Torrents, ou plutôt des Trois Ruisseaux. Il a son homonyme en Valais.

TROSSY. — Brachet dit que « *trossa* c'est scier en deux un tronc d'arbre. » Il ne faut pas confondre ce mot avec trousser. qui est relever ses jupes pour ne pas se salir, ajoute-t-il.

TULLY. — En Irlande, « c'est une petite colline, un mont peu élevé » (Peiffer). Mais justement Tully — l'ancien Thonon — est en plaine et sur les bords de la Dranse, dont les débordements ont fait disparaître presque toute trace de la ville primitive. Faut-il alors chercher l'étymologie de Tully dans la langue gaélique, où *tull* signifie *inondation* et *y* l'habitation ?

Nous préférons cette explication, qui est simple et logique, à celle qui fait venir Tully du scandinave *tull*, qui est la douane, le bureau de douane (Parmentier), et ne pourrait s'entendre que de la position de l'ancienne cité au débouché de la Dranse, en un lieu de surveillance facile.

Mais si Tul est le radical, ly est un autre mot dont nous connaissons déjà la signification, qui est celle de rivière, de petit cours d'eau en général (comme nous l'avons vu plus haut, à L..). Tully, si nous acceptons l'étymologie gaële, ce serait donc « la ville de la rivière débordée », ce qui est exact de tous points, historiquement et topographiquement parlant.

U

URSULES (Les). — La rue et le quartier des Ursules doivent leur nom au couvent des Ursulines qui y est situé.

UCHE. — Est un terme générique pour désigner des terrains clos : tels sont la Uche à Bon (i) vard, la Uche Kahoua (?), la Uche Mardan, la Uche à Meldan, etc.

La propriété Jacquot, à Corzent, s'est appelée autrefois les Uches de Quiblié : pourquoi ce pluriel ?

V

VACHERRESSE. — Aurait été ainsi baptisée par les premiers habitants du pays, heureux de rencontrer — dans un pays sûr — de gras pâturages pour les troupeaux qui constituaient alors le plus clair de leurs richesses.

VAILLY. — Autrefois Vallier : habitation (y) du val, village de la vallée.

VALLÉES. — Le boulevard des Vallées est l'artère qui amène à Thonon, les jours de foire ou de marché, les montagnards des trois vallées de Bellevaux, de Morzine et d'Abondance.

VALLON. — La rue Vallon était autrefois la propriété des religieux de la Chartreuse de Vallon, lequel établissement, construit au XII⁰ siècle, fut détruit en 1536 par les Bernois.

VARNAY. — Est pour Verney.

VAUDAIRE (La). — Est le vent qui nous vient du canton de Vaud : l'air de Vaud.

VAUDESTRA. — De *strata via ;* est encore un souvenir des anciennes voies romaines du pays : *batteur d'estrade.*

LE COL DU VENT. — Doit être exposé au Vent (de Genève).

VÉRET. — Lieu-dit. Serait le diminutif de Vers Etraz (*versus stratum*).

VERNE, VERNAY, VERNAZ. — Ces noms proviennent du Verne, qui est l'aulne. Ils sont aussi fréquemment usités en topographie que comme noms patronymiques.

VERS. — Est une expression courante pour désigner un lieu-dit, ferme ou propriété rurale : Vers-le-Nant, Vers-le-ruisseau, Vers un tel.

VERSOIE. — « En patois chablaisien : Varsouyet ; mot dérivé, m'a-t-on dit, de *vas* ou *oua*, marais, et de *souyet*, eau versée ou qui se verse » (L. Revon). En vieux français *versoyer* c'était mélanger, mettre pêle-mêle (Dict. r., w., c. et). Versoie (et Versoix sur l'autre rive du lac) c'est en effet presque notre verbe *verser, déverser* ; et le mot est bien approprié à cette source abondante, tranquille et bienfaisante.

Vey-de-Gy. — « Les paysans, dit M. Marteaux, entendent par le mot *vi* les chemins qui bordent les champs, comme dans l'expression : *alla en chan pé les vis.* »

Mais vey n'est pas vi et nous devons chercher une autre étymologie. Le Dict. r., w., c. et t. nous apprend que « Wey c'est le gué, l'endroit où l'on peut passer une rivière : en latin, *vadum* ». Quant à gy ou gvy c'est l'habitation : nous le retrouvons dans Vongy, par exemple.

Villard. — Il y a les Villards, Villard-sur-Boëge, Saint-Colomban-des-Villars en Maurienne, Villard-de-Lans en Dauphiné, etc.

« Le *villare*, qui est devenu *villiers* dans le centre de la France, *villars* dans le Midi, *villers* dans l'Est, était bien — comme la villa — l'exploitation, le domaine rural avec des habitations disséminées dessus, mais plus importantes. » (Peiffer).

Ville-du-Nant. — Près de La Chapelle. Rappelle plutôt le souvenir d'une villa que celui d'une ville.

La Villette. — « Du latin *villa* (dit Tissot), nom du domaine agricole autour duquel se formait le village du xiii° siècle, on a fait La Villette... Le même mot, avec le suffixe *ard*, augmentatif, nous donne le Villard. »

Viszier. — M. Marteaux le fait dériver de Venitius.

Le Vion — et le Vionnet, termes génériques, sont des ruisseaux; mais quelquefois vionnet est un sentier (de via : la voie, le chemin). En pays de montagne un chemin creux devient souvent un ruisseau quand arrive la fonte des neiges; et le lit des torrents, pendant les sécheresses de l'été, se transforme à son tour en une sorte de chemin, difficile parfois mais très apprécié toujours parce qu'il va naturellement au plus court.

VOIRONS. — Le sommet des Voirons est un but de promenade très connu des touristes, qui y vont coucher pour assister au lever du soleil. De cette pointe, de 1.465 mètres d'alt. et entièrement isolée du reste du massif, on jouit d'une vue panoramique très étendue sur le Salève, les Grandes Alpes, les montagnes du Chablais, le massif de la Suisse centrale et le Jura. C'est ce grand cercle d'horizon qui a valu son nom à cette montagne d'où l'on *voit* en *rond* tout autour de soi.

A Voiron, dans l'Isère, on est dans un cirque de montagnes au lieu d'être sur un sommet ; mais l'idée qui a présidé à la dénomination de la ville reste la même, et Voiron est comme Montrond ou Montriond dont nous avons parlé plus haut.

VONGY. — Pourrait venir de *wohnen*, habiter, et de « gy », significatif d'habitation. En Kimrique, *con* c'est la fin, l'extrémité, et *gy* c'est la maison : Vongy, qui est sur le bord de la Dranse, est bien l'extrémité du territoire de Thonon ; mais nous opinons plutôt à lui donner l'origine germanique de « wohnen. »

LES VUARDS. — C'est le terme générique par lequel on désigne ces curieux entonnoirs naturels qui se rencontrent en si grand nombre dans les environs immédiats de Thonon. Ces dépressions, dues sans doute à des affaissements du terrain, se remplissent d'eau dans la saison des pluies ; et plusieurs étaient utilisés autrefois pour le patinage. Leur vrai nom devrait être écrit *ecoua*, corruption du mot *ève*, eau, qui fait encore éoua dans le patois local.

Y

YVOIRE. — La pointe d'Yvoire sépare le Léman en Petit Lac, du côté de Genève, et en Grand Lac (avec Thonon, Evian, Lausanne et le Bouveret) du côté de l'Est.

Elle porte un très vieux manoir dont un des anciens possesseurs, bien connu par ses exploits, avait été surnommé Jehan Bras de Fer à la suite d'un accident de guerre.

Ce nom d'Yvoire rappelle ce que nous avons dit plus haut de tous les noms en yv, iv, ev et av ; c'est-à-dire qu'il désigne toujours une terre environnée d'eau ou renommée pour la qualité ou l'abondance de ses sources (Evian, Divonne, Yverdun).

Z

ZEVALLE.— Dans la commune de Brenthonne : est sans doute pour *javelles :* on nous l'a dit, dans tous les cas.

RED.·.:

20

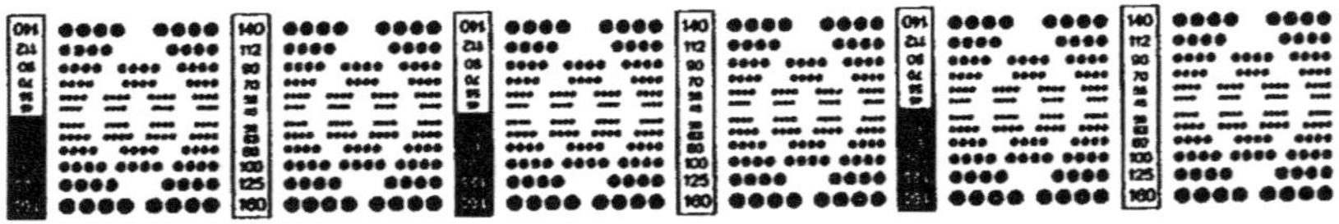

graphicom
3/98970

0 1 2 3 4 5 6 7 8 9 10

BIBLIOTHEQUE NATIONALE

CHATEAU DE SABLE

1994

MIRE ISO N° 1
NF Z 43-007
AFNOR
Cedex 7 - 92080 PARIS-LA-DÉFENSE